OS CONTRABANDISTAS DA MEMÓRIA

Blucher

OS CONTRABANDISTAS DA MEMÓRIA

Jacques Hassoun

Tradução

Gabrielle Bley Volpe

Revisão da tradução e revisão técnica

Miriam Ximenes Pinho-Fuse

Título original: *Les contrebandiers de la mémoire*, de Jacques Hassoun

Os contrabandistas da memória

Editora Edgard Blücher Ltda.
Série Dor e Existência, organizada por Cibele Barbará,
Miriam Ximenes Pinho-Fuse e Sheila Skitnevsky Finger

Publisher Eduardo Blücher
Editores Eduardo Blücher e Jonatas Eliakim
Coordenação editorial Andressa Lira
Produção editorial Ariana Corrêa
Tradução Gabrielle Bley Volpe
Preparação de texto Ana Maria Fiorini
Diagramação Negrito Produção Editorial
Revisão de texto MPMB
Capa Leandro Cunha
Imagem da capa Gezicht op de tempelruïnes te Philae bij Aswan (1859),
de Willem de Famars Testas, via Wikimedia Commons

Blucher

Rua Pedroso Alvarenga, 1245, 4º andar
04531-934 – São Paulo – SP – Brasil
Tel.: 55 11 3078-5366
contato@blucher.com.br
www.blucher.com.br

Segundo o Novo Acordo Ortográfico, conforme 6. ed. do *Vocabulário Ortográfico da Língua Portuguesa*, Academia Brasileira de Letras, julho de 2021.

Dados Internacionais de Catalogação na Publicação (CIP)
Angélica Ilacqua CRB-8/7057

Hassoun, Jacques
Os contrabandistas da memória / Jacques Hassoun ; tradução de Gabrielle Bley Volpe ; revisão da tradução e revisão técnica Miriam Ximenes Pinho-Fuse – São Paulo : Blucher, 2023.
146 p. (Série Dor e Existência)

Bibliografia
ISBN 978-65-5506-753-8
Título original: Les contrebandiers de la mémoire

1. Psicanálise 2. Memória (Filosofia) 3. Tradição (Filosofia) I. Título II. Volpe, Gabrielle Bley III. Pinho-Fuse, Miriam Ximenes

23-2265 CDD 150.195

Índice para catálogo sistemático:
1. Psicanálise

Sobre a Série Dor e Existência

A presente série se dedica a publicar livros que tratam das dores da existência no contexto dos fenômenos sociais e políticos contemporâneos, tendo como referencial a teoria e clínica psicanalítica em diálogo com outros discursos. Abordar esses fenômenos não para catalogá-los, mas essencialmente interrogar aquilo que os determina e, principalmente, cingir suas incidências subjetivas e os modos possíveis de respostas em face do Real, ou, de outra forma, os modos de "resistir, para seguir vivendo", como diz a música popular.[1]

Nos idos de 1930, Freud[2] ressaltou que, apesar dos inúmeros benefícios que o processo civilizatório nos proporciona, ele também é fonte inesgotável de dissabores e mal-estar. Viver inserido na civilização implica em renúncias, privações e adiamentos, que

---

1 "*Resistiré, para seguir viviendo*", no original. "Resistiré", canção composta por Carlos Toro Montoro e Manuel de La Calva Diego.

2 Freud, S. (1930/2010). O mal-estar na civilização. In *S. Freud, Obras completas* (Vol. 18; pp. 13-122; P. C. de Souza, Trad.). Companhia das Letras. (Publicado originalmente em 1930)

ocasionam perda de satisfação e limitam sobremaneira a ânsia humana por felicidade. Estruturalmente restringida, a felicidade só é alcançada em momentos breves e esporádicos, enquanto o sofrimento é uma constante que nos ameaça a partir de três fontes principais: as forças prepotentes da natureza, a fragilidade de nosso próprio corpo e as relações com os outros seres humanos dada a insuficiência das normas que regulam os vínculos afetivos e sociais. Freud considerou esta última fonte o sofrimento que mais nos deixa estremecidos.

Dos tempos de Freud para os nossos, poder-se-ia esperar que o sofrimento humano tivesse sido abrandado graças às melhorias e às notáveis conquistas nos campos científico, tecnológico, econômico e até social. É um paradoxo, mas as pessoas não parecem mais felizes que outrora. Em uma época vetorizada pelas conquistas de mercado, ou seja, produção-consumo-descarte tanto quanto possível, as pessoas se sentem cada vez mais pressionadas a serem produtivas, competitivas, eficientes e bem-sucedidas, em paralelo ao desmantelamento dos laços sociais e do sentido de pertencimento a uma determinada comunidade ou grupo. Sem contar com o anteparo das redes e dos mecanismos de solidariedade e de apoio comunitário, as pessoas certamente se encontram mais vulneráveis. Promovem-se assim pensamentos e relações de teor mais individualista em que o consumo de objetos acena como a principal fonte de satisfação e realização. Em vez da prometida felicidade oriunda do progresso, redobram-se os alertas para o aumento significativo das taxas de depressão, suicídio e obesidade. Por toda parte, queixas de solidão e liquidez dos laços sociais.

Decantadas por filósofos e artistas, as dores da existência são inerentes à condição humana diante da constatação da vida como pura e insuportável contingência, sem sentido *a priori*. Para Lacan, a dor de existir irrompe no momento extremo, limiar em que se esgotam para o sujeito todas as vias do desejo, quando nada mais o habita "senão esta existência mesma, e que tudo, no excesso do sofrimento, tende a abolir esse termo inextirpável que é o desejo de viver".[3] Na última fronteira da existência nua e crua, há o despertar para o Real. Porém, a dor de existir denota também uma face humana, que ocorre com a perda inaugural no momento de entrada no campo da linguagem, que imprime em nós as suas leis, os seus limites na falta do significante último da existência, mas que nos concede, em contrapartida, nessa falta mesma, o desejo para nos sustentar para além desse ponto intolerável da existência. Logo, a dor de existir é constituinte de nossa humanidade, em que estamos sempre no risco da perda.

Se Freud apontou que viver em sociedade cerceia nossas pretensões de satisfação, ou seja, nossas possibilidades de gozo, Lacan, por sua vez, considera que a perda de gozo não se deve à sociedade, mas ao fato de sermos seres falantes, "maldição que o discurso, antes, modera", ponderou Colette Soler,[4] em livro que abre esta série. Logo, o discurso é tanto fonte de sofrimento quanto de tratamento possível para as dores da existência. Eis aí um dos grandes paradoxos humanos: Se a existência não tem sentido em si mesma e não há nenhum sentido a ser encontrado, sobra para cada um a invenção dos modos possíveis de se continuar vivendo.

Entretanto, há situações extremas, adventos do Real, que levam o sujeito ao esgotamento das vias de seu desejo. A dor irrompe nesse ponto limite arrasando os ideais e as ficções de si mesmo, restando simplesmente a crueza da existência quando todo o desejo nela se desvanece. Poderá o sujeito resistir? De que modo ou por quais vias?

---

3 Lacan, J. (1958-1959/2016). *O seminário, livro 6: o desejo e sua interpretação* (p. 133; C. Berliner, Trad.). Jorge Zahar.

4 Soler, C. (2021). *De um trauma ao Outro* (p. 25). Blucher.

Importa-nos justamente levar ao público títulos que tratam, em suas diferenças, das dores que acompanham as situações--limites – perdas radicais, violência, racismo e outras intolerâncias e abusos diversos –, considerando que a patologia do particular está intrinsecamente relacionada com as patologias do social. Sem a pretensão de esgotar essas situações e seus efeitos disruptivos, desejamos que cada livro possa contribuir para enlaçar e intercambiar saberes e experiências, na aposta de que algo sempre se transmite, ainda que com furos e, às vezes, de modo artificioso.

Cibele Barbará, Miriam Ximenes Pinho-Fuse
e Sheila Skitnevsky Finger

Organizadoras da Série Dor e Existência

Para Anne-Marie, Danielle-Martine, Judith e David.

Prefácio à edição brasileira

É com grande satisfação que trazemos ao público brasileiro a obra *Os contrabandistas da memória* do psicanalista Jacques Hassoun. Publicada originalmente em 1994, a obra é de uma atualidade assombrosa e apaixonante. Morto em 1999, cinco anos após o lançamento deste livro na França, Jacques Hassoun nos deixou tanto um testemunho da passagem dos ditos, dos "mal-ditos" e dos "não-ditos" entre gerações quanto um testamento da sua jornada pessoal e clínica a respeito da transmissão, tema-chave deste livro. Hassoun convida o leitor a acompanhá-lo em suas reflexões acerca da fecundidade da transmissão em íntima conexão com a conjutura histórica, social e política que a condiciona. Trata-se de um estudo instigante, relevante não apenas para a práxis dos analistas, mas para qualquer pessoa concernida, tocada, surpreendida por histórias impossíveis de transmitir, de escutar, de compreender...

Luto e transmissão

Miriam Ximenes Pinho-Fuse

... só sabe da casa
Quem precisa atravessar
Rapidamente uma fronteira
Quem fez sua casa
Num país que não o quer
Aqueles a quem a casa segue
Como um cão...

Ana Martins Marques, *Como se fosse a casa*, 2017.

Jacques Hassoun residia na França, onde se tornou psiquiatra e, mais tarde, psicanalista. Sua condição, no entanto, era a de alguém que conheceu o exílio, tendo sido obrigado a deixar sua amada terra natal, Alexandria, no Egito. Nascido em 1936, no seio de uma família judaica tradicional, Hassoun, assim como Freud, se considerava judeu por etnia e não por religião. Sua origem peculiar não apenas favoreceu a sua habilidade de poliglota como também seu tráfico por dois mundos etnolinguísticos: o mundo judaico herdado dos pais observantes e o mundo árabe-muçulmano herdado do país onde nasceu e cresceu o que lhe rendeu, no exílio, a possibilidade de acolher na sua clínica pessoas de culturas, línguas e crenças religiosas diversas, além de aguçar-lhe o gosto para a escuta da língua maternal, a *lalíngua* de cada um que contagia todo tipo de dizer... ou, nas palavras do autor, a "língua do esquecimento" que "nos é estrangeira como um dialeto esquecido, um dialeto destruído pela língua acadêmica dominante",[1] porém que ressurge, a

1 Cf. capítulo "Entre 'sem pátria' e 'excesso de pátria'", p. 68.

modo de contrabando, para nossa maior surpresa, no meio de uma frase, num lapso, no decurso de uma forte emoção...

A vida de Jacques Hassoun foi marcada desde cedo pela militância política e engajamento nos movimentos de base marxista-sionista. Sob a acusação de "comunista", foi preso e expulso do Egito aos 18 anos, vindo a residir permanentemente na França a partir de 1954. Muito embora Hassoun não tenha sido exilado por ser judeu, o ano de 1954 se destacou pela consolidação do poder de Gamal Abdel Nasser, o recém-proclamado primeiro-ministro do Egito, abertamente antissemita.

O projeto político de Nasser tinha por base o pan-arabismo e visava unir o povo em torno de ideais nacionalistas, logo seu governo pressentiu a necessidade de definir quem eram os cidadãos que pertenciam à nação egípcia, deixando de fora os considerados "estrangeiros"; na prática, os não-muçulmanos. Em meio ao agravamento do conflito árabe-israelense, os cerca de 80 mil judeus que ali residiam há gerações passaram a ser tratados primeiramente com desconfiança e, em seguida, como não-egípcios. Metade da população judaica acabou deixando o país por temer o agravamento da situação política e, após a Crise de Suez, nos anos 1956 e 1957, cerca de 25 mil judeus foram expatriados e tiveram seus bens confiscados pelo Estado.[2]

Não à toa, portanto, a preocupação de Hassoun, tão logo se viu estabelecido na França, de se juntar às organizações político-sociais dos imigrantes judeus egípcios e de lutar para preservar a memória do patrimônio cultural dos judeus do Egito coletando e arquivando documentos, entrevistas e imagens posteriormente

2 Habif, C. A. (2015). *Judeus do Egito: Uma comparação da vida judaica no Egito antes e depois de 1948* (Dissertação de mestrado, Universidade Federal do Rio de Janeiro, Instituto de História).

difundidos por meio de livros, ensaios fotográficos, artigos e um jornal, *Nahar Misraïm* (*O Rio Nilo*).

Em entrevista concedida em 1995, Hassoun expressou o sofrimento de ter que lidar com a condição paradoxal de ser, ao mesmo tempo, egípcio-judeu-comunista-francês-exilado:

> *[...] depois de 1956-1957, percebi, mesmo que não quisesse necessariamente acreditar... que nunca mais voltaria ao Egito. A vontade de ser egípcio, judeu, comunista e francês ao mesmo tempo era demais para mim, foi um longo processo. Tive que praticamente reconstruir para mim a categoria de judeus egípcios, tive que criar associações com outras pessoas e tive que acabar com essa história do judeu egípcio para finalmente ver todos os diferentes aspectos de minha identidade reconciliados. Para um judeu egípcio não religioso como eu, resignar-se a viver permanentemente na França é extremamente difícil. Embora eu não fosse religioso, eu era judeu. Eu me chamava de* "Juif d'Egypte" *[Judeu do Egito] mesmo sabendo que nunca mais voltaria ao Egito. Esta foi realmente uma coleção significativa de contradições. Acho que a política, em outras palavras, a capacidade de permanecer comunista, e depois quase imediatamente trotskista, me permitiu resolver essas questões porque a ideologia internacionalista permitia um certo casamento dessas contradições.*[3]

3 Beinin, J. (1998). Appendix: Interview with Jacques Hassoun: "I am Jewish because I am Egyptian. I am Egyptian because I am Jewish." In *The Dispersion of Egyptian Jewry* (pp. 134-136). University of California Press, p. 135. https://dx.doi.org/10.1525/9780520920217-011.

O significante "comunismo" enquanto ideologia política de dimensão internacional forjava então uma identidade nacional possível justo no momento em que os conflitos em torno do sionismo contaminaram os laços comunitários despertando o ódio contra os judeus e levando ao questionamento (e mais tarde cancelamento) da legitimidade do pertencimento destes à nação. Este significante extraído da política se tornou então uma espécie de téssera que federava sob uma unidade identificadora – isto é, um conjunto – os jovens judeus egípcios imigrantes ou exilados e, ao mesmo tempo, servia como uma solução possível ao problema da identidade ao ser tomado como um referente potencialmente reconciliador dos ideais (nacionalistas, étnicos, políticos...) cindidos por força de um Outro que naquele momento mostrava sua face feroz atacando e submetendo esses sujeitos à segregação e ao desterro.

O comunismo, com seu ar "internacionalista" que havia inclusive inspirado a criação do Estado de Israel, acenava aos jovens judeus como um estandarte de esperança, talvez o único naquele momento, insígnia de reconciliação e reconhecimento da identidade egípcia, logo de alinhamento com o ideário de lutas e reivindicações próprias do povo egípcio. Se o comunismo triunfasse, argumentou Hassoun, "libertaria os judeus de sua situação. O comunismo e o marxismo forneciam uma visão coerente, uma possibilidade teoricamente coerente de ser judeu e egípcio ao mesmo tempo sem grandes contradições, pelo menos até a década de 1950".[4]

Para Hassoun era inconcebível que sua origem étnica servisse de justificativa para cancelar sua identidade egípcia: "Sou judeu porque sou egípcio. Sou egípcio porque sou judeu",[5] afirmou

4 Idem.

5 Idem.

repetidas vezes para ressaltar a impossibilidade de separação entre etnia e país natal.

Em *Os contrabandistas da memória*, essa constatação advinda das lutas de sua jornada pessoal e de sua experiência clínica traduz-se nas reflexões acerca do pertencimento e da identidade, esta última sempre problemática e mais ainda para aqueles sujeitos pertencentes a grupos minoritários e, no entanto, identificados com um país e sua história e que se veem, de uma hora para outra – em períodos de crise política e governamental durante a qual a barbárie incendeia os laços sociais –, atacados em suas fidelidades e referenciais simbólicos fundamentais que os estruturam, isto é, fazem unidade identificadora, e os localizam junto ao Outro. Face à violência e rechaço de seu valor para a comunidade nacional – "você não é nada, a cultura que você herdou não é nada e você está reduzido (ou eu o reduzo) a este nada" –,[6] que outra alternativa lhes resta a não ser responder com uma ostentação crispada – no risco do fundamentalismo – de seus emblemas identitários (imaginários) como que a sustentar-se, reassegurar-se de uma identidade ameaçada justamente pelo particularismo que a distingue e, por trás deste, pela filiação que a suporta e engendra?

De capítulo em capítulo, na particularidade do caso a caso, *Os contrabandistas da memória* nos transmite o cerne da experiência analítica desde Freud: a importância da reconstituição, reintegração, restituição pelo sujeito de sua história singular irremediavelmente imbricada à sua genealogia, ou de outro modo, enlaçada à sua inscrição em uma filiação simbólica cujos elementos – a língua e seus jargões, os pequenos ritos e gestos familiares, os hábitos alimentares... – cingem e marcam o sujeito e, por efeito, organizam suas relações mais fundamentais tanto quanto contagiam as

6 Cf. capítulo "Uma identidade simples... fragmentada... complexa", p. 83.

questões essenciais da sua existência como a filiação, o sexo, a procriação, a morte... Os pontos de fratura de uma *histoeria* familiar, os elementos impossíveis de simbolizar, impossíveis de rememorar, encontram no contrabando a via de transmissão, aproximação possível daquilo que só pode ser passado às escuras... por ressonâncias, alegorias, lapsos, deformações. Encontro faltoso com um real que sempre escapa.

Aqueles que experimentaram os mais trágicos acontecimentos da História e sobreviveram, em qual língua e com quais palavras conseguiriam traduzir o terror traumático? E, para os seus descendentes, estes que são os depositários dos destroços dispersos de uma *histoeria* familiar, o que fazer das marcas de uma origem obscura? Como sobreviver a uma trágica hiância na transmissão?

E, ainda, haveria transmissão sem luto?

Quanto ao luto, questão tangenciada pelo autor quando evoca o exílio não assumido ou mesmo negado daqueles que transformam a casa, a terra, os pais que se abandonou em um tesouro ímpar, tentativa (precária) de conservar intacto o passado e os antepassados revestindo-os de uma áurea mítica indestrutível. Sem se darem conta do paradoxo e do peso dessa herança para os descendentes, esses sujeitos tentam passar uma visão pura e irretocável da cultura de origem na crença (ou esperança?) de que o legado possa ser passado intacto, de geração em geração, como um monólito sagrado. Tal mal-estar na transmissão pode deixar os descendentes na encruzilhada de ou tentar reproduzir o ideário parental vivendo "em um mundo de simulacros"[7] ou de tentar transgredir tal determinação insensata ao preço de drásticas rupturas familiares e sociais carregadas de sofrimento e culpa ou, resta ainda, a possibilidade

---

7 Cf. capítulo "O preço da liberdade", p. 94.

de se ficar detido na encruzilhada, paralisado, sem conseguir se arriscar por nenhum caminho.

"Ter que fazer como os pais". Eis o campo das identificações. Sabemos que a identificação participa da experiência do luto e é, nesse sentido, um signo de amor que visa presentificar, preservar os traços característicos dos objetos amados, seja por meio da mimetização de sua forma (seus modos de falar, vestir-se etc.), seja por meio de traços mais abstratos como ideais, princípios e escolhas...

Jacques Hassoun, no entanto, evoca pela via da transmissão, um caminho que se propõe além da dialética das identificações. A transmissão que advém de um luto. E luto, sabemos, é uma experiência que necessita de um tempo de atravessamento, pede um demorar-se na passagem para que se possa recolher, não sem dor, os ecos e os ocos do que foi perdido na perda. O luto dos que se encontram no exílio é um luto de um passado ao qual não se pode mais retornar e igualmente dos ideais sustentados junto ao Outro/outro, traduzidos pelo autor como a nostalgia dos "pináculos míticos de nossa infância".[8]

Como não evocar aqui a parábola do camponês recuperada por Walter Benjamin[9] no texto "Experiência e pobreza"? No leito de morte, um velho camponês revela aos filhos a existência de um tesouro inestimável oculto nos vinhedos. Os filhos tomam ao pé da letra o dito paterno e reviram a terra atrás da herança. Quando chega o outono, a terra revela o tesouro escondido, e as vinhas produzem mais do que qualquer outra região. Só aí compreenderam que o pai queria lhes transmitir uma certa experiência acerca da felicidade que não repousava no ouro, mas na dignidade do trabalho

8 Cf. capítulo "Um sintoma atual", p. 64.

9 Benjamin, W. (1933/2012). Experiência e pobreza. In W. Benjamin, *Magia e técnica, arte e política: Ensaios sobre literatura e história da cultura (Obras escolhidas I)* (S. P. Rouanet, Trad.; pp. 123-128). Brasiliense.

dedicado. O luto desses filhos está às voltas não somente com os traços de identificação ao pai, mas também com sua herança, uma herança simbólica.

Ora, na transmissão não se trata de fazer como os pais, de reproduzir como "papagaios" o que eles faziam, mas de dar continuidade à herança recebida. Ou de outro modo, não basta receber um tesouro, é preciso saber fazer algum uso dele. Lançar mão de um tesouro implica, portanto, em um ato, ato de criação, tão frisado por Hassoun, próximo da arte do *bricoleur*, na qual a tensão entre tradição e inovação possibilita ao sujeito sustentar-se desejante de modo a melhor situar-se – na diferença encontrada em relação aos seus antecessores – no lugar que lhe cabe enquanto pertencente à geração seguinte.

Nas palavras poéticas de Jacques Hassoun: "a *transmissão* seria esse tesouro que cada um constitui para si a partir dos elementos ofertados pelos pais, pelo entorno, e que, remodelados por encontros fortuitos e acontecimentos que passaram despercebidos, se articulam ao longo dos anos com a vida cotidiana para realizar sua função principal, a de ser fundadora do sujeito e para o sujeito". [10]

Existência e transmissão

Cibele Barbará

Este é um livro que, pela qualidade teórica e literária, faz de partida contributos ao pensamento clínico-psicanalítico por sua atualidade. Jacques Hassoun trata com primor de temas que estão em nossos cotidianos: nos jornais, nas mídias sociais, nas músicas, de forma direta e indireta, reconhecível ou não.

---

10 Cf. capítulo "Do *bled* ao Bled… a história reconstituída", p. 101.

O fio que conduz o livro é o tema da transmissão e da construção da memória. Transmissão de uma história, de uma origem, de uma cultura, da herança que recebemos e que se traduz em vários aspectos da existência, da existência subjetiva, inclusive. O autor esmiúça os modos como recebemos essa herança; se a recebemos; e o que fazemos com ela; como a passamos adiante, se nos é muitas vezes possível passá-la adiante. Trata-se de um livro sobre a existência e sua transmissão.

Aliás, neste sentido, ele dirá, somos todos passadores, não importa o que tenhamos feito ou como nos posicionamos diante disso que recebemos. Somos todos "fecundos transmissores" para brincar um pouco com o termo.

Mas aqui, não se trata de qualquer existência, de qualquer herança. Não se trata apenas de heranças culturais-patrimoniais, mas das heranças que fundamentam a existência e a resistência da humanidade. Heranças que possibilitam o mais íntimo e mais êxtimo de nossos corpos e laços com os outros.

De maneira magistral, Hassoun nos demonstra como não são apenas nossos pais ou familiares mais próximos que nos fornecem elementos ou traços que constituem estas heranças; nossos pertencimentos, nossos modos de coletividade. Vai muito além da história familiar e consanguínea. Vai alçar relação com uma música, um suspiro, uma poesia; uma história de violência não reconhecida, um país conhecido, um trauma não vivido diretamente; uma grande indignação, uma pequena indignação; um passado desconhecido, um futuro não imaginado, um amor a ser preservado; materiais que constituirão nossas identificações.

Por isso, o tema da transmissão abarca os temas da identidade e da identificação, nos faz refletir de modo mais local, um modo clínico que, ao mesmo tempo, é mais amplo e coletivo. O livro permite um movimento entre o universal, o particular e o singular; entre experiência clínica e experiência social.

É preciso esclarecer que quando falamos em transmitir, não se trata de jeito nenhum de reprodução. Tampouco reduzem-se a purismos oriundos de certa aspiração à originalidade ou a genealogias, que podem levar a rompimentos, rupturas e exclusões. Para pensar a questão da transmissão, o autor usa, em certo momento do texto, a imagem de uma receita culinária tradicional da França, cuja analogia de uma receita culinária tradicional brasileira poderia ser a feijoada. Os elementos para a elaboração do prato estariam à disposição de cada um, todavia, mesmo se usarmos os mesmos ingredientes, o mesmo ambiente ou os mesmos aparatos, o prato não será o mesmo. Existem milhares de feijoadas no Brasil, todas são feijoadas, têm o mesmo nome, e nenhuma sequer é igual, não há como negar que foi modificada ao longo do tempo. As feijoadas de hoje não podem ser as mesmas daquelas que remontam ao século XIX. Cada família, cada tribo tem sua receita. E ainda cada sujeito dará, ao final, seu toque e seu jeito de finalizar, de temperar. Em suma: ainda que o prato tenha o mesmo nome em todo o país e todos o reconheçam ao ouvir seu nome, cada feijoada é um universo.

Forçar a reprodução de uma receita, tentar controlar sua continuidade seria um ato de violência, que não considera as gerações seguintes. Então, tentar encontrar a feijoada única e verdadeira, original do mesmo modo, leva à violência, ao extremismo, ao rompimento desta linha de transmissão e de memória que permitiu que a feijoada pudesse contar história e permanecer viva na cultura brasileira.

Recebemos nossas heranças e as modificamos. Não precisam ser modificações de grandes proporções; às vezes, basta um toque, uma pitada de um novo ingrediente. Para que uma transmissão tenha chance de acontecer é preciso haver algum espaço para o novo, não sem os ingredientes do passado.

É aí que se impõem alguns problemas em relação à transmissão, como aponta Jacques Hassoun. Porque sua passagem não é linear, nem sempre está desimpedida, menos ainda garantida. Se tornou um problema da atualidade quando discursos segregativos e de exclusão se impuseram causando rupturas com seus imperativos. Ao ditar quais existências poderiam sobreviver e quais deveriam ser extinguidas, impõem-se quais heranças são legítimas ou ilegítimas. Interferindo assim, em sua passagem, de maneira a bloquear o espaço vazio necessário para que a transmissão tenha alguma chance de acontecer.

Um pouco como se, para continuar a usar a metáfora das "heranças-receitas" encontrássemos com algo do tipo: "você não é digno desta receita, você não é capaz de fazê-la, estou sempre aí para fazer por você, não adianta passar esta receita para você, ela não tem valor..." Ou, ainda que vivêssemos a situação em que os ingredientes e instrumentos simplesmente não estivessem mais ao alcance para uso, reduzindo a possibilidade de criatividade da receita. Em outros casos, com consequências devastadoras, não achássemos nada, apenas silêncio. Nenhuma notícia próxima ou longínqua. Nenhum nome, nenhum traço. Um apagamento de todos os restos, todos os traços da receita e de todo contexto dela. Nem um condimento, nem uma casca, um odor, nem fogueira, nem cinzas. Sem qualquer estrutura para uma possível transmissão, para a passagem do tempo.

Por isso, parece tão importante a noção que Jacques Hassoun introduz sobre as línguas de contrabando. As línguas de contrabando seriam mais uma forma de pensar estas "heranças", de maneira mais ampla e atravessada pela psicanálise. Podem ser chamados de "tesouros", de certa forma, adormecidos, escondidos em que cada um, cada sujeito, é depositário de um saber sem saber; um saber não sabido, que parece sem valor, impedido. E que conforme ganha lugar, alcança força de reescrever a história. Abalando as versões impostas como oficiais e unicamente verdadeiras pelos discursos dominantes. Neste sentido, Jacques Hassoun nos entusiasma dizendo que não temamos ser contrabandistas da memória.

Prefácio à edição francesa

Quem nunca procurou um pequeno livro, claro e direto sobre a transmissão, para se inspirar em seus pais e para refletir sobre os meios de transmissão dos valores familiares aos seus filhos? Com esta obra, todas essas buscas serão satisfeitas.

Somos todos portadores de um sobrenome, de uma história singular, nos explica aqui Jacques Hassoun. Somos os depositários e os transmissores. Somos os passadores. Em cada um de nós palpita o desejo de transmitir aos nossos descendentes a história, os costumes e as convicções; no entanto, essas tradições recebidas e oferecidas como herança são de mais a mais apreendidas como arriscadas, podendo ser objeto de uma interrupção, até mesmo de uma recusa das gerações mais recentes. Todos desejamos não deixar em sofrimento o legado que nos é transmitido e experimentamos a urgência de não permitir que se perca.

Jacques Hassoun sempre procurou dar conta das pulsões essenciais que estão no princípio do vigor de nossas vidas. Consagrando este formidável pequeno livro à transmissão, ele sabe que somos diferentes daqueles que nos precederam e que nossos descendentes provavelmente seguirão um caminho diferente do nosso. Por isso, argumenta em favor daquilo que ele considera uma transmissão efetiva, aquela que "oferece a quem a recebe um espaço de liberdade e uma base que permitem abandonar o passado para melhor o reencontrar". Hassoun admite, portanto, que podemos "ser fiéis à uma tradição familiar... e ao mesmo tempo ser levados a mudar de caminho, a trair seu próprio meio", oportunidade que não é outra que a reconhecida liberdade do sujeito de escolher conscientemente o sentido que ele quer dar aos valores que orientam a sua existência. É a partir dessa liberdade que o legado tem a oportunidade de não ser *reificado*, mas tomado como um patrimônio vivo. Ainda, é preciso que o passado não seja imposto como um modelo sacralizado por ser passado, porque "é então que a transmissão não terá outra forma senão de falácia mentirosa, uma tentativa de reconstituir em outro tempo, em outro espaço, um modelo passadista cuja expressão mais trágica seria representada pelo fundamentalismo". Uma tal regressão é com frequência, infelizmente, efeito de dificuldades específicas da transmissão em grupos minoritários confrontados com um grupo majoritário dominante. Seja porque o grupo minoritário quer preservar a qualquer custo uma tradição vista por ele como ameaçada, o que o faz se encerrar em um quase gueto cultural, seja porque – esmagado pela vergonha de ser ele mesmo – se deixa ganhar por um desejo enlouquecedor de assimilação, fazendo de seu pertencimento um espaço vazio.

O processo aparece ainda mais delicado quando o país onde moramos é uma terra de exílio. A transmissão deve então dar conta, ao mesmo tempo, da experiência passada – que não deve ser uma tradição exageradamente embelezada – e da vida presente, que, mesmo que comporte sua parte inevitável de sofrimento, não deve ser reduzida somente a isso. O fracasso da transmissão pode se dar de duas formas diametralmente opostas. Alguns se enclausuram no silêncio, proibindo seus descendentes de se ligarem a uma genealogia. Privam-nos, assim, de pontos de referência, impedindo-os de se integrar à sociedade. Às vezes, é o Estado mesmo (pensemos nos regimes stalinistas!) que proíbe a transmissão, abalando a História com a negação por muitas gerações. Conhecemos bem as consequências. A outra atitude consiste, ao contrário, em se enclausurar no passado e pretender reproduzi-lo tal e qual. Aí está a confusão entre tradição e transmissão, com a tentativa – absurda – de se colocar como contemporâneo de seus ancestrais.

Jacques Hassoun acredita mais na virtude formativa desses pedaços de história que dizem – frequentemente com mais eloquência do que as práticas ancestrais mais formalizadas – da atmosfera do mundo de ontem, ao qual todos têm a necessidade de fazer referência. Ele evoca uma "língua de contrabando" para significar essa herança, às vezes involuntária, de palavras ou de experiências vindas do passado. Pensemos nesses barbarismos, nessas formas obsoletas características das línguas "mestiças" que são resultado do cruzamento de várias línguas (crioulo, cajun etc.). Sem se dar conta, o sujeito carrega em si a língua da infância, a língua "maternal" que ele esqueceu, e que no mais profundo de si mesmo trabalha seu ser e construiu sua identidade. Transmitir pressupõe dar a essa "língua do esquecimento" o seu lugar. Desconfiando de uma nostalgia que clama por um retorno ao passado, ele implora por uma palavra que diga "ontem", na qual a identidade das gerações atuais possa deitar raízes, reelaborada, reconstruída, rebricolada a partir do que é percebido do passado. "Os contrabandistas da memória" deixam o passado para melhor reconstituí-lo no seu devido lugar, lá onde ele é eficaz, para contribuir com a fundação de um novo mundo presente. O novo pode ser fonte de mal-estar porque exige um gasto psíquico por parte de quem o enfrenta, mas, inversamente, a criança apreende como uma inquietante estrangeiridade aquilo que era familiar aos seus ancestrais. Como escreve Jacques Hassoun talentosamente, a transmissão só pode ser uma cocriação com a iniciativa de duas gerações: nós construímos com nossos descendentes aquilo que lhes transmitimos. Como se, com eles, fizéssemos parte de um tipo de obra de arte.

Dessa forma, Jacques Hassoun justifica a necessidade que todo indivíduo tem de transmitir, com a condição de que jamais se trate de uma transmissão constritiva, que restrinja a liberdade de quem a recebe e a de que a reelabore para dela se apropriar. Por meio de alguns casos clínicos, nos quais sua prática psicanalítica o fez penetrar em toda a sua complexidade, Jacques Hassoun ilustra o fato de que a relação com o novo supõe que nele reconheçamos uma parte de familiaridade. Ele faz aqui um elo com um tema judiciosamente explorado em um de seus livros precedentes, *As Índias Ocidentais*:[1] é à medida que repetimos uma iniciativa lançada por aqueles que nos precederam que podemos subvertê-la e acrescentar a ela algo de novo, em uma palavra, nos tornarmos criadores.

Jacques Hassoun, de fato, como psicanalista, nos mostra o caminho: a repetição não é necessariamente uma clausura. Por trás do nosso desejo de ver as mesmas experiências se repetirem, se esconde frequentemente uma aspiração ao novo, cuja potência seria errado subestimar. Toda transmissão é ao mesmo tempo repetição e inovação.

É a partir da herança que me foi transmitida que posso ousar uma verdadeira ultrapassagem, aquela que me insere em novas situações, até mesmo estrangeiras. Saber-se "oriundo de...", receber no presente os marcos de uma origem conhecida, é a condição da "potência de agir", como diria Espinosa, de se confrontar com o real. O termo "contrabandear" descreve bem a resolução, sempre inacabada, sempre bricolada, de uma contradição que Freud

1 *Les Indes occidentales (à propos de l' "Au-delà du principe de plaisir")*. Éditions de l'Éclat, 1987.

enuncia assim: "O importante é ir além do pai e ao mesmo tempo não poder ultrapassá-lo".[2] Sem ignorar os conflitos e os sofrimentos assim causados, Jacques Hassoun inaugura a via da idade adulta a uma boa distância da experiência daqueles que nos precederam: nem nos seus rastros, nem lhes fazendo oposição, mas com eles no novo.

Antoine Spire

---

2 Freud, S. (1937/2010). Um distúrbio de memória na Acrópole [carta a Romain Rolland, 1936]. In S. Freud, *Obras completas* (Vol. 18; pp. 436-449; P. C. de Souza, Trad.). Companhia das Letras. p. 448.

Conteúdo

Introdução

Durante muito tempo, transmitir uma cultura, uma crença, um pertencimento, uma história pareceu algo simples.

Os pais, os avós, a família estendida, o ritmo de vida semirrural ou provincial, o sedentarismo, enfim, permitiam evitar a necessidade de colocarmos a questão com a acuidade que hoje ela exige. Nos parecia natural... uma geração reproduzia as crenças, o modo de vida, o dialeto ou a língua daqueles que a precederam, ao mesmo tempo que integrava lentamente as novas aquisições técnicas. Pois bem, essa visão idílica é, no entanto, contradita pelos fatos.

Freud, em um curto texto, "As resistências à psicanálise", nos lembra que o "novo", ao destronar o "antigo", coloca em perigo uma preciosa estabilidade.

> *Um bebê que, nos braços da babá, desvia o rosto chorando, ao ver uma pessoa desconhecida; um religioso que inicia a nova estação com uma prece, e também saúda os primeiros frutos do ano com uma benção; um camponês que se recusa a comprar uma foice que não*

> *tenha a marca familiar a seus pais – a diversidade dessas situações é evidente, e parece justificada a tentativa de relacionar cada uma a um motivo diferente.*
> *Mas seria um erro ignorar o que elas têm em comum. Em todos os casos há o mesmo desprazer, que na criança tem expressão elementar, no religioso é mitigado com um artifício, no camponês se torna o motivo para uma decisão. Mas a fonte desse desprazer é a exigência que o novo faz à psique, o dispêndio psíquico que requer e a incerteza, exacerbada em angustiosa expectativa, que traz consigo.*[1]

Isso quer dizer que a transmissão do novo sempre esbarra em conquistas que cada um de nós parece valorizar acima de tudo.

Quer dizer também que em cada um de nós palpita a necessidade de transmitir integralmente aos nossos descendentes aquilo que recebemos.

Já em Deuteronômio lemos: "pergunta a teu pai, e ele te revelará [tua história]; aos teus anciãos, e eles te dirão [aquilo que foi teu passado]" (Deuteronômio, 32:7).

Este mandamento indica que há milênios a necessidade de transmitir está inscrita na história.

No mundo árabe-islâmico, encontramos cotidianamente com a mesma insistência este imperativo de reivindicar para si uma história, uma genealogia, um pertencimento: assim quando duas pessoas desconhecidas se encontram, imediatamente após se cumprimentarem como de costume, uma pergunta é frequentemente feita: "Qual é o teu *asl*?", termo que significa ao mesmo tempo

---

1 Freud, S. (1925/2011). As resistências à psicanálise. In S. Freud, *Obras completas* (Vol. 16; pp. 252-266; P. C. de Souza, Trad.). Companhia das Letras. p. 253.

vinculação (tribal ou religiosa), *adesão* e *pertencimento* a tal modo de pensar ou a tal etnia.

Duas tribos de beduínos se cruzam em um oásis e a questão que se coloca é: "De onde vens, para onde vais, quem és?". Esta interrogação não concerne obviamente nenhum percurso espacial, e sim um itinerário pessoal, interior, que permite a cada um situar seu percurso individual em função do que lhe foi transmitido.

Porém, se observarmos mais de perto, perceberemos que a questão da transmissão se apresenta quando um grupo ou uma civilização foi submetida a perturbações mais ou menos profundas.

Ao examinar as situações às quais fizemos alusão, perceberemos que esta preocupação que aparenta ser uma pura formalidade não surge ao acaso na História.

No caso dos textos bíblicos, é evidente que a redação do capítulo que contém o mandamento de transmitir e de receber uma transmissão data do século IV antes da era cristã,[2] ou seja, logo após o retorno do primeiro exílio da Babilônia, no momento em que o povo em vias de reunificação estreitava os laços que haviam sido rompidos pela deportação seguida à destruição do Reino de Judá. Esta referência à História, este imperativo de transmissão, denota em última instância um estado de profundo tumulto interior. De volta ao país ancestral após uma longa ausência, esta quarta geração de judeus nascidos no exílio, em um meio intelectual, econômico e socialmente superior àquele que reinava em seu país de origem, devia encontrar justificativas para se reenlaçar com seu passado. Era preciso iluminar o presente por meio de uma história quase mítica a fim de preparar o advento de um novo enraizamento.

---

2 O Pentateuco foi redigido na sua forma definitiva no século IV antes da era cristã, e não, como quer a tradição, dez séculos antes. [N.A.]

Donde o apelo aos anciãos, dos quais se requeria que descrevessem um passado heroico, ou ao menos pleno de prestígio, com o intuito de inscrever esses exílios em uma saga com a qual haveriam de se nutrir e submergir, a crer no salmista que clamava incessantemente: "Se eu te esquecer, Jerusalém, que se resseque a minha mão direita" (Salmos, 137:5), numa nostalgia dolorosa.

No segundo exemplo, na referência ao *asl*, ao pertencimento, ela aparece no momento em que a sociedade tradicional colapsara, quando países que haviam estado por muito tempo isolados do mundo exterior se viram projetados na modernidade. É então que a questão de saber a quem se estava interpelando, com quem se estava falando, se torna crucial. Não exatamente em nome de um desejo mais ou menos confesso de exclusão, mas certamente para poder se situar diante do outro: "De qual transmissão tu te declaras?". Essa é a questão crucial que as sociedades em crise ou pluriculturais se colocam face às mutações que as atravessam.

Todavia, associada a esta primeira série de reflexões que evocam os problemas do pertencimento cultural, é importante lembrar a seguinte evidência: estamos todos inscritos, um por um, em uma genealogia de sujeitos que não ignoram que são mortais.

É exatamente isto que distingue o humano do animal: um saber sobre a morte e sobre a genealogia que dita a necessidade de que um mínimo de continuidade seja assegurado.

Somos todos portadores de um nome, de uma história singular (biográfica) implicada na História de um país, de uma região e de uma civilização.

Somos seus depositários e seus transmissores.

Somos seus passadores.

Quer sejamos revoltados ou céticos diante daquilo que nos foi legado e no que estamos inscritos, quer haja adesão ou não a esses valores, ainda assim nossas vidas são mais ou menos tributárias disso, desse conjunto que se estende dos modos à mesa aos ideais mais elevados, os mais sublimes, e que fazem parte do patrimônio daqueles que nos precederam.

Pois é evidente que, salvo exceção, o que recebemos como herança é constantemente modificado de acordo com as vicissitudes de nossa vida, de nossos exílios, de nossos desejos.

Que uma geração tenha conhecido grandes perturbações históricas – ou não –, que outra tenha sofrido ou escolhido o êxodo rural – ou não – ... não é indiferente.

Ser fiel a uma tradição familiar aristocrática e ser levado a mudar de rota, a "trair" seu próprio meio, como Estienne d'Orves... ou o coronel de La Rocque[3] puderam fazer durante a guerra, não é indiferente. Isso significaria que houve nessa ocasião uma ruptura radical com as convicções passadas? De forma nenhuma. O mito do comportamento cavalheiresco próprio à sua tradição se reúne com esta nova orientação que toma suas existências e as conecta com os valores provenientes de sua classe social de origem.

Quereria isso dizer que estamos condenados a reproduzir? Que a transmissão recebida e ofertada como herança implica o eterno retorno?

Certamente não... Esta tendência a "fabricar" papagaios ou clones não corresponde à transmissão. O que me parece apaixonante nesta aventura própria à transmissão é justamente o fato de sermos diferentes daqueles que nos precederam e que nossos

---

3 Henri Honoré d'Estienne d'Orves (1901-1941), oficial da Marinha francesa, considerado um dos principais heróis da Resistência Francesa. Já François de La Rocque (1885-1946) foi um oficial do exército francês líder da liga de direita francesa Croix de Feu. Simpatizante do fascismo, depois passou a colaborar com a Resistência até ser preso pelos nazistas em 1943. [N.R.T.]

descendentes seguirão um caminho significativamente diferente do nosso… e, no entanto… é bem nessa série de diferenças que inscrevemos aquilo que temos a transmitir.

Um passo a mais me permitirá enfim afirmar algo que é mais que paradoxal: uma transmissão efetiva oferece a quem a recebe um espaço de liberdade e uma base que permitem *abandonar (o passado) para (melhor o) reencontrar.*

Deixar para trás os pesares das gerações precedentes para reencontrar a verdade subjetiva do que verdadeiramente contava para aqueles que, antes de nós, amaram, desejaram, sofreram ou gozaram por um ideal. Não seria essa uma transmissão que poderíamos chamar de efetiva? Isso pouparia o sofrimento de ser ao mesmo tempo semelhante e diferente? E, mais, seria concebível a possibilidade de se evitar o sentimento de culpabilidade diante daqueles que nos precederam? Provavelmente não… Sempre haverá uma tensão entre uma transmissão, por mais efetiva que seja, e o desejo que tenta situar o sujeito no espaço mesmo de sua verdade, de sua vida, de sua existência.

Além disso, transmitir implica levar em conta que jamais será possível evitar a nossos descendentes o fato de que em seus caminhos encontrarão obstáculos, já que terão de conciliar a história passada com o atual de seu desejo subjetivo.

Porque enfim ter êxito em uma transmissão implicaria preparar a criança para enfrentar as dificuldades da existência.

Assim, quando o pai do jovem Joffo,[4] antes de deixar seus filhos na França ocupada – situação extrema e, portanto, exemplar – esbofeteia magistralmente o filho quando este responde afirmativamente à pergunta "Você é judeu?", que fazia ele senão transmitir

4 Joffo, J. (1973). *Un sac de billes*. Jean-Claude Lattès. [Edição brasileira: Joffo, J. (2017). *Os meninos que enganavam nazistas*. Vestígio].

aos seus filhos um saber sobre a perseguição que as gerações precedentes haviam conhecido? Que outra coisa fazia senão oferecer como herança a seus filhos um bofete que lhes dava uma chance de sobreviver? Não indicaria essa lição de marranismo[5] que a fidelidade absoluta, a adesão pura e simples, a confissão proclamada seriam na verdade uma forma de se deixar tragar pela morte? Transmitir a vida em toda a sua violência não exigiria este ato em si mesmo terrível: oferecer como mensagem última uma bofetada?

Resta uma última questão passível de fechar este panorama de interrogações que constitui o desafio desta obra.

A criança é com frequência confrontada com um passado que ignora e que, portanto, pode parecer-lhe enigmático.

Evocamos o caso de crianças que, nascidas na França de pais imigrantes, partilham durante a primeira infância o cotidiano de seu meio familiar, seu modo de vida, sua língua, sua cultura, sua história, para se encontrarem, um dia, imersas numa sociedade cujos valores lhes soam radicalmente diferentes.

Foi assim, por exemplo,[6] que uma menininha nascida de pais poloneses, proletários das minas em Lorena, descobriu com estupefação no primeiro dia de aula do ensino primário que ela vivia num país chamado França, do qual ela ignorava tudo. Ignorava o francês, ignorava que o país no qual vivia era diferente em mais de um aspecto daquilo que ela vivia cotidianamente em seu meio. Durante anos ela teve de se confrontar com os problemas oriundos

---

5 *B'nei anussim* (literalmente, "os filhos dos forçados") ou Marrano designa os descendentes de judeus que foram convertidos compulsoriamente a outras religiões, entre elas, o cristianismo e o islamismo. [N.R.T.]

6 Nesta obra, por razões de discrição facilmente compreensíveis, realizei uma série de modificações não significativas em todos os fragmentos biográficos e de cura, mas que permitirão às pessoas envolvidas conservar um certo anonimato. [N.A.]

desse enigma que a transtornava desde então. Quem era ela, de onde vinha, aonde a haviam levado...? Tantas outras questões que ressurgiriam ao longo de toda uma parte da sua existência. Nenhuma palavra havia sido enunciada durante sua primeira infância sobre a história da emigração de seus pais, nenhuma palavra proferida para dar conta do momento de descobrimento, de que ela havia *nascido no exílio* de uma pátria desconhecida em um país sobre o qual ignorava tudo. Nenhum discurso poderia enunciar o que teria permitido dialetizar um sentimento de *inquietante estranheza*. Tal experiência vivida a acompanharia durante anos, levando-a a se sentir, em sua vida profissional e familiar, como uma estrangeira que não se autorizava nem à felicidade nem ao sucesso.

Foi somente no decurso de uma análise que ela pôde relacionar esse apagamento parcial de sua existência a esse tremor de terra representado pela descoberta tanto mais violenta por não ter sido acompanhada de nenhuma palavra: *ela havia nascido no estrangeiro no âmago do país no qual ela veio ao mundo.*

Esse esquema fixo, essa sequência que a deixaria muda efetivamente, era o produto de um silêncio envergonhado, de uma dificuldade em transmitir uma situação que seus próprios pais haviam tido dificuldade em simbolizar.

Desse modo, devemos entender a transmissão como aquilo que dá conta do passado *e* do presente. Nessas condições, ela permite que a criança aborde a própria existência de forma menos dolorosa se puder escutar seus pais falando de sua história e de seu cotidiano.

Porém, se um pai segue vivendo segundo um modelo patriarcal, ainda que o filho constate que na vida diária ele é objeto de humilhação... que uma mãe, "irmãos e primos" tentem impor em um contexto de permissividade social modelos ultrapassados nos quais as meninas são obrigadas a se submeter..., é então que a transmissão não terá outra forma senão de falácia mentirosa adequada para criar uma rebeldia radical, uma marginalidade ou um desespero extremo, acompanhados de uma tentativa de reconstituir em outro tempo, em outro espaço, um modelo passadista cuja expressão mais trágica seria representada pelo fundamentalismo: *todas essas situações não se originariam de uma nostalgia de um passado enigmático e de um presente entendido como discordante daquele que os pais não puderam verdadeiramente enfrentar?*

É evidente que, no momento atual – basta ir aos países do Leste Europeu ou nos subúrbios do ex-cinturão vermelho para se convencer disso –, as velhas tradições proletárias militantes ou culturais parecem estar completamente fora de lugar.

Órfã de uma referência última, uma geração está prestes a nada poder transmitir e uma outra a nada poder receber. Situação dramática que cria exilados em seu interior, os quais com frequência se jogam nos braços da direita extremista para reconstituir uma aparência de cultura *nacional* contra o temido perigo cosmopolita.

Paradoxo que torna a questão da transmissão ainda mais urgente uma vez que, para os *sedentários-autóctones*, parece que a ampla experiência que os exilados possuem a respeito desse problema os exclui de sua própria cultura.

É, no entanto, certo que a questão da transmissão não se dá da mesma maneira para todas as categorias de uma população. O sedentarismo camponês (se bem que relativo e bastante ameaçado hoje em dia) permite que esta questão se coloque *no mínimo* e com certa dor, mesmo que ela represente uma preocupação estrutural do sujeito.

É notável que uma sociedade laica e republicana como a sociedade francesa tenha integrado festas religiosas (o Natal, a Crucificação, a Ressureição de Cristo, a Ascensão, o Pentecostes, a

Assunção da Virgem). Isso permitiu que a transição de uma cultura para outra pudesse ocorrer sem grandes confrontos, e também permitiu às pessoas laicas celebrar de um modo mais ou menos sem querer as festividades religiosas de seus antepassados.

Não é de espantar que, para os exilados ou para as populações autóctones, mas de crenças ou de culturas diferentes, a necessidade de transmitir se apresente a partir de outros pressupostos que tendem muitas vezes a reconstituir enclaves heterogêneos.

Essa tendência será ainda mais forte quanto mais se tenha negado, a esses grupos ou aos sujeitos que os constituem, o direito à integração sob sua própria emblemática que, por outro lado, como sabemos por experiência, tende a se desvanecer ao longo dos anos até se extinguir, desde que a maioria não recue horrorizada diante da diferença ostentada.

Assim, qualquer que seja a situação familiar, a questão que impõe o silêncio, no lugar de um passado sepultado e de um presente em devir, representará algo que terá por efeito na vida da criança uma impossibilidade de se engajar na vida social.

Romper o silêncio não é transmitir?

O questionamento sobre suas origens não seria uma forma de a criança buscar saber em qual desejo ela se inscreve? Não estaria tentando, como marcou Ferenczi, obter dos pais uma confissão por meio da série de "porquês", com a intenção de fazê-los dizer sobre o segredo de seu nascimento, de fazê-los contar "como" advém uma criança? Para tais questionamentos ela só poderá receber respostas parciais, embora seja necessário que os pais estejam dispostos a fornecê-las.

Levando-se em conta esses diferentes elementos é que tentaremos responder, ao longo das páginas seguintes, a esta tripla questão:

– Por que transmitir?

– O que transmitir?

– Como transmitir? Considerando que somos todos exilados de nós mesmos e de nossa história, qualquer que seja nosso grau de sedentarismo.

Vamos usar como ponto de partida, no entanto, casos extremos representados por grupos humanos que tiveram de se deslocar geograficamente para se darem conta da dificuldade de transmitir e de receber uma outra cultura.

Para todas as sociedades, *transmitir* é um imperativo constante. Nestas páginas escolhemos partir da história daqueles que foram considerados estrangeiros por seus compatriotas ou daqueles que sofreram um exílio efetivo, para compreender melhor, a partir dessas circunstâncias, aquilo que se impõe para cada um de nós a cada instante da vida e de sua transmissão.[7]

7 É evidente que os fisiologistas não conseguiam entender as funções orgânicas senão a partir das disfunções que o corpo apresentava, e Freud, para conceber a psicanálise, teve de deduzir as leis fundamentais do inconsciente a partir do sofrimento de seus pacientes. [N.A.]

1. Charlotte ou os efeitos de um silêncio

Charlotte Salomon, judia nascida em Berlim, refugiada em Nice, *inicia sua vida*, conforme relata, aos 23 anos, na primavera de 1940. Escutemo-la:

> *Minha vida começou quando minha avó tentou se suicidar, quando fiquei sabendo que minha própria mãe havia se suicidado assim como praticamente toda a sua família, quando soube que eu era a única sobrevivente e senti em mim mesma, profundamente, a mesma sensação, o mesmo gosto do desespero e da morte. Disse a mim mesma: "Ou bem me mato ou faço algo totalmente maluco e extraordinário". A guerra estava em curso... eu estava sentada à beira-mar e sondava o coração dos homens. Eu era, ao mesmo tempo, minha mãe, minha avó e todas as pessoas que aparecem em minha peça.*

As circunstâncias dessa série de terríveis revelações são descritas por Charlotte: seu avô, que acabara de assistir a tentativa de suicídio de sua mulher, lhe revela uma série de verdades escondidas até o momento. Sua mãe, que ela acreditava ter morrido de gripe, havia se suicidado, assim como sua tia Charlotte Grünwald, irmã mais nova de sua mãe, e de quem ela porta o mesmo nome, assim como seu tio-avô. E "o pior tinha se passado com a mãe de sua avó, que tentou se matar durante oito anos", acrescenta ele…

Seu avô – que acaba de revelar esta série de mortes trágicas, as verdadeiras circunstâncias da morte de sua mãe e o fato de ela carregar o mesmo nome de uma suicida a respeito da qual nada sabia – diz à jovem que chora sobre um mundo "partido em pedaços": "Basta de conversa! O que está esperando para se matar também? Se mate!" – "*Sich das Leben nehmen*" (que podemos escutar também como "Tome sua vida").[1]

É então que Charlotte começa a viver. Na urgência, na corrida contra sua própria morte, ela mergulhará na pintura. Em dois anos ela pinta em 748 guaches, uma peça de teatro, *A vida ou o teatro?* (*Das Leben oder das Theater?*) na qual ela reconstitui a trajetória de sua existência, começando por um guache em que representa sua tia, Charlotte Grünwald – a quem nomeará Knarre, aquela que "deixa a casa dos pais para se jogar na água".

Porque, na verdade, sua história começa por meio dessa jovem morta e cujo nome ela carrega… prática comum que pode revelar-se brutal se não estiver sustentada por alguma palavra.

Até esse momento de sua vida – no silêncio dos avós e depois de seus pais –, Charlotte havia sido essa suicida. Ela havia vivido até então entre a vida e a morte, constantemente impactada pelo que lhe acontecia, por seus desesperos enigmáticos, por seus vínculos passionais por qualquer um que a amasse, enfim, por um sentimento de ilegitimidade que a fazia rejeitar aqueles que a

---

1 Esta nuance do alemão me foi sinalizada por Claude Sahel. [N.A.]

reconheciam. Ela testemunhava o silêncio que havia precedido a origem mesma de sua vida e da escolha de seu nome. Tudo, ao longo de sua existência, não passara de um enigma.

Nada havia podido fazer das perdas sofridas durante sua infância e adolescência: nenhum trabalho de luto poderia ser efetuado no lugar de uma história familiar que lhe havia sido transmitida com meias verdades ou mentiras e que, portanto, a havia engolfado em um luto sem fim de uma profunda melancolia.

Ao se dedicar a essa produção artística, Charlotte Salomon iria, portanto, se autorizar a criar o objeto de uma busca da qual ela nada sabia, mas que não era menos presente no horizonte de seu pensamento.

Por meio dessa obra monumental ela reconstituirá aquilo que não lhe foi transmitido. Ordenará os eventos marcados por um mutismo abissal, arranhando de passagem aqueles "alemães de fé mosaica"[2] que não celebram outra festa a não ser o Natal... durante a qual cantam em coro o *Heilige Nacht.*[3]

Essas 748 guaches ajudariam Charlotte Salomon a constituir para si um tesouro: aquele da transmissão de uma história conservada em silêncio.

Foi então que Charlotte Salomon pôde reviver, prosseguir sua obra pictórica e artística, encontrar o homem de sua vida e não mais substitutos parentais que ela amava apaixonadamente no lugar de uma mãe ausente e de um pai omisso.

Foi então que ela pôde se casar e, para seu grande assombro, engravidar.

---

2 Para dar provas de seu indefectível e verdadeiro vínculo ao *Vaterland*, os judeus alemães se declaravam "alemães de fé mosaica". [N.A.]
Fé mosaica: devoção aos preceitos e rituais estabelecidos por Moisés. [N.R.T.]

3 Em português, "Noite feliz". [N.R.T.]

É, portanto, nesse momento que a História, para a qual ela jamais fora preparada, a alcança: fazendo pouco caso de precauções, ela volta para sua cidade, L'Ermitage, em Villefranche, onde ela e seu marido foram capturados como judeus. Denunciados em 21 de setembro de 1943, foram deportados para Auschwitz, onde pereceram logo que chegaram, em 12 de outubro do mesmo ano.

Destino trágico, mas que me permite dizer que Charlotte Salomon, antes de ser destruída pela História, conseguiu constituir a partir da única palavra simbolizante que encontrou, a *Sich das Leben nehmen* de seu avô, uma transmissão que lhe havia faltado cruelmente.

A clínica nos ensina cotidianamente que tais silêncios têm um papel primordial na dificuldade para viver de que padecem os filhos dos judeus deportados, os filhos ou netos dos sobreviventes do genocídio armênio, os descendentes dos torturados das guerras de independência, em suma, todos aqueles que experimentaram a História na sua mais extrema ferocidade.

Filhos de carrascos... filhos de vítimas... cada um – de modo diferente, certamente – presa do segredo de uma origem perturbadora, de uma interrupção na trama de uma história familiar sacudida por eventos históricos. Órfãos de uma palavra, sofrem na carne um luto impossível de efetuar e uma dificuldade de construir um romance familiar que lhes permita se projetar no porvir. Esta trágica hiância na transmissão exige dos pais, por mais doloroso que possa ser, colocar em palavras aquilo que lhes aconteceu (suicídios, mortes violentas ou interrupções brutais da História) a fim de fazer as pazes com suas próprias trajetórias biográficas e de reconstituir para sua descendência uma trama que a história familiar ou social havia profunda e prolongadamente saqueado.

2. Um sintoma atual

A experiência trágica de Charlotte Salomon nos permitirá, recorrendo a um desvio histórico, tratar a transmissão como uma necessidade ditada pelas mutações que se fazem presente nos valores tradicionais.

Como fazer para que um adolescente de hoje entenda o entusiasmo suscitado durante décadas pela epopeia revolucionária inaugurada pela Rússia dos soviéticos em 1917? Como transmitir o que estava em jogo nas lutas que dilaceraram, em plena guerra civil, os campos antifranquistas? Como representar para eles a aliança do Poum (Partido Operário de Unificação Marxista)[1] que proclamava o trotskismo (sem o reconhecimento do próprio Trótski) e da CNT-FAI (Confederação Nacional dos Trabalhadores, membro da Federação Anarquista Internacional), forçados a combater juntos (apesar de seus desacordos) ao mesmo tempo contra o franquismo e contra os stalinistas? Como fazer para

1 Poum foi um partido marxista espanhol fundado em 1935 em Barcelona. [N.T.]

que compreendam a ligação entre Durutti (o anarquista), Andrés Nin (o trotskista), ou La Pasionaria (a comunista), agora que as ideologias que eles portavam parecem obsoletas, se não objeto de rechaço?

Como dar consistência ao personagem de André Marty[2] – "o rebelde do Mar Negro" –, que se opôs à intervenção naval da França contra a jovem república dos soviéticos, para ser em seguida chamado de "o açougueiro de Albacete" pelos revolucionários trotskistas e anarquistas espanhóis, e que terminará seus dias excluído das fileiras do Partido Comunista Francês como "traidor" (de Stálin)?

Tão ou mais inconsistentes que aquelas das Guerras Napoleônicas, essas imagens tremulam, se enfraquecem, se apagam à medida que a língua parece de repente se descarrilar. Uma geração desconcertada ouve serem nomeados "conservadores" os antigos comunistas e "democratas" aqueles que eram habitualmente chamados de "reacionários".

Outros eventos, na falta de serem historicizados e retidos pela memória francesa, parecem sofrer do mesmo estranhamento: como evocar aqueles que deitaram nos trilhos diante dos trens que levavam o contingente a Marselha e à Argélia para combater a revolução argelina? Como invocar o apelo dos intelectuais à insubordinação, no momento em que o racismo antimagrebino[3] parece dominar a paisagem política francesa?

Essas dificuldades em transmitir o entusiasmo ou em entender aquilo que a língua significa revela o que chamamos um *sintoma*

---

2 André Marty (1886-1956) foi uma figura importante no Partido Comunista Francês (PCF) por quase trinta anos. [N.T.]

3 Magrebe ou Magreb é a região noroeste da África que inclui Marrocos, Argélia e Tunísia e ainda Mauritânia e Líbia. [N.R.T.]

atual, um sintoma nascido do acontecimento, da atualidade, que marca o sujeito no ponto onde seus emblemas e suas idealizações parecem profundamente emaranhadas.

Ou, para voltar a Charlotte Salomon, poderíamos nos perguntar se sua condição não era a de herdar dos pais uma profunda perplexidade. Seria mesmo tentador declarar que a aparente incoerência dessa família de alemães de fé mosaica[4] havia contribuído para provocar o tremor de seu próprio ser...

Que o Natal, com seu cortejo de cânticos luteranos entoados em família, seja a única festa que ela reteve da sua história familiar não quer dizer nada para Charlotte – que consideramos aqui um personagem emblemático desses filhos nascidos de famílias que denominamos "assimiladas" –, tal fato representará fatalmente uma fonte infinita de sofrimento.

Em resumo, ela veio dessas famílias que, ao persistirem em se reproduzir numa notável endogamia, integraram lenta, insensível e inexoravelmente o conjunto da cultura dominante, até mesmo nas suas manifestações culturais, até mesmo nos seus excessos nacionalistas.

O historiador da mística judaica Gerhard (mais tarde conhecido como Gershon Sholem) não nos conta que foi intimado por seu pai, mediante carta registrada (a exemplo do que aconteceu com seu irmão Werner, que havia se tornado social-democrata), a deixar seu domicílio familiar em Berlim no dia em que se declarou hebreu e pró-sionista?[5]

4 Cf. nota 2 do capítulo "Charlotte ou os efeitos de um silêncio", p. 47. [N.A.]

5 Quanto ao irmão mais velho, Reinhold, ele persistirá até o fim nas tendências assimilativas de seu pai e entrará para o Deutsche Volkspartei, que depois será o Deutschnationale (Partido da Direita Nacionalista). Em 1938, viu-se forçado a imigrar para a Austrália. Aos 80 anos, em um encontro com G. Sholem,

Essa diluição das manifestações identitárias fortemente ancoradas em convicções religiosas ou particularistas, clamadas por Clermont-Tonnerre[6] ou pelo abade Grégoire[7] durante a Revolução Francesa, jamais produziu realmente perturbações graves suscetíveis de afetar profundamente o sujeito. Além do mais, essas rupturas foram consideradas uma maneira de se liberar dos assujeitamentos às práticas obsoletas ou consideradas como tais pelo sujeito projetado na modernidade.

A partir do momento em que a Cidade deixou de se tornar teológica, que a religião do Estado desapareceu em benefício da laicidade, que uma crença passou a ser considerada tão válida quanto outra, e que um signo de igualdade consagrou a relação dos habitantes da Cidade, independentemente de quais fossem suas origens próximas ou longínquas, o pertencimento étnico ou comunitário cessou de representar um baluarte, um casulo no interior do qual uma dita minoria se recolheria para preservar os emblemas que teriam recebido como herança.

Em resumo, cada um podia juntar à sua maneira os fragmentos de uma história transmitida com sua inserção na Cidade. Cada um poderia ali viver sua vida social e afetiva, e perpetuar por meio de si, no seio familiar, os ritos e costumes transmitidos de geração em geração. Alguns os faziam na sua integralidade; outros, fragmentando o monólito da tradição, mantendo uma ou outra cerimônia,

---

declarou: "Eu sou um *Deutschnationaler*". Diante da surpresa de sua família, exclamou: "Eu não deixarei Hitler me ditar meu pertencimento". [N.A.]

6 Stanislas Marie Adélaïde, o conde de Clermont-Tonnerre (1747-1792) foi um nobre, oficial militar e político francês durante a Revolução Francesa. [N.R.T.]

7 Henri Grégoire, também conhecido como Abade Grégoire (1750-1831), foi um padre católico francês e grande defensor das minorias. Um dos primeiros a exigir a abolição da escravatura junto à Assembleia defendendo não só os direitos dos negros, como também dos judeus, dos mulatos e dos habitantes das colônias. [N.R.T.]

rendendo uma última homenagem a um passado levemente tingido pela nostalgia.

Os laços que se sustentavam em uma integração realizada sem maiores danos – ao menos na Europa Ocidental – permitiam que, de forma insensível, o que era considerado relevante da fé ou do particularismo deixasse de representar aquilo que devia a qualquer custo ser preservado. A partir do momento em que medidas impostas pelo mundo exterior, como a obrigação de viver em guetos, de usar uma marca distintiva ou de não ter acesso à cidadania, deixaram de representar um imperativo vital, o refúgio no grupo ou na comunidade se tornaria caduco.

Bom ano, mau ano, durante todo um século este modelo de integração iria perdurar. A questão da transmissão não se colocava. Ela encontrava soluções nos interstícios de uma sociedade que não havia descoberto as "virtudes" da exclusão, ou que ao menos reservava seus demônios para seus territórios colonizados de além-mar, mantendo a Europa longe de uma rejeição massiva de um ou outro componente de sua população.

Para além disso, o atrativo da modernidade foi tal que pouco a pouco morar em Paris ou em Berlim, em Londres, em Viena ou em Amsterdã bem valia abandonar o dialeto bretão ou o occitano, o frisão ou o suábio, o galego ou o escocês, bem valia declarar obsoleto o apego a tal manifestação religiosa excessivamente espetacular ou a tal exibição de fidelidade comunitária considerada muito ostentatória. Era o tempo em que os judeus do Oeste europeu consideravam o iídiche como um "jargão infame" e durante o qual toda manifestação de apego regionalista era qualificada como provincialismo. De agora em diante, as redes de solidariedade tradicional, as cumplicidades de então entre grupos minoritários, só subsistiriam sob formas menores.

A profunda e sincera fidelidade ao Estado era a principal preocupação, enquanto o pertencer aos grupos se tornou claramente secundário, se não reduzido à sua expressão mais simples.

E, ainda, cada um desses grupos foi tentado, no enquadramento mesmo de velhas alianças comunitárias, a angariar novos cidadãos ao país que lhes acolhia. Esse foi o caso dos israelitas franceses da Aliança Israelita Universal, que, implantada no conjunto da bacia do Mediterrâneo e do Império Otomano, dá a França e a seus ideais republicanos milhões de crianças judias... Essa Aliança entra em concorrência feroz com sua equivalente alemã, localizada nos Balcãs e na parte asiática do Império Otomano, a qual, por sua vez, sonhava com a germanização dos jovens búlgaros (os pais de Elias Canetti foram representantes desses judeus judeo-espanhóis germanizados), sérvios, macedônios, turcos ou iraquianos... Durante esse tempo, na Europa Central e Oriental, no seio dos impérios centrais e czaristas, no centro mesmo das lutas nacionais, grupos inteiros antes definidos somente pela religião se destacam dela para forjar para si uma nova cultura, com sua rede de escolas, de jornais, de sociedades de intelectuais...

Em suma, na Europa Ocidental, as minorias antigas, os habitantes das províncias de um passado cultural mais ou menos prestigioso, mais ou menos magnificado, mais ou menos idealizado, se identificam com uma única cultura: aquela forjada em torno de um ideal de cidadania.

É nessa perspectiva que se dava a transmissão de emblemas antigos, sem que se colocassem em termos de sofrimento ou de obrigações internas a tal ou qual comunidade.

A margem era suficientemente importante para que qualquer sujeito pudesse encontrar seu lugar mais ou menos próximo, mais ou menos distante, de tal ou tal outro centramento nacional.

Mas quando chega o tempo da ruptura, o tempo do Caso Dreyfus[8] ou da ascensão do nazismo e dos fascismos centro-europeus, é então que aquilo que parecia evidente, que parecia fazer parte integrante do sujeito, se apresentaria como expressão de uma enorme mentira.

Não que os ideais da República ou do acesso à modernidade tenham sido construídos com base em negações, mas a ruptura provocada pelas ideologias de exclusão ao criar diferenças no interior do mesmo corpo social, no lugar das supostas fidelidades étnicas ou pertencimentos comunitários, suscitaria profundas modificações de um lado e do outro dessa linha, até então puramente virtual, que, assumindo de repente os ares de uma linha de demarcação e de fratura no seio da sociedade, dividirá a Cidade entre minorias e maiorias, as últimas devolvendo as primeiras à sua estrangeiridade.

É quando o minoritário se verá obrigado a responder: "Quais provas suplementares posso dar para tornar o meu pertencimento ao *Vaterland*, à doce França, à Itália imortal, à gloriosa Grã-Bretanha... ainda mais crível?". "Impossível", lhe responde o excluidor, "jamais poderás dar provas de teu pertencimento porque declaro que somente e sempre contou para ti o teu pertencimento étnico".

É quando, na falta de um pensamento político coerente – mas não seria a ideologia de exclusão feita para suspendê-lo? –, o desespero vai ocupar todo o campo conceitual, levando alguns ao suicídio ("dei tudo a essa mãe ingrata, só me resta morrer") e outros a uma dor infinita por terem sacrificado as antigas fidelidades a esse

8 O Caso Dreyfus foi um assunto de Estado que durou cerca de doze anos e polarizou a sociedade francesa no final do século XIX em torno da acusação de traição feita injustamente contra o capitão Alfred Dreyfus, um judeu de origem alsaciana, em um contexto político e social propício ao antissemitismo e ao revanchismo à Alemanha. [N.R.T.]

Estado incapaz de cumprir suas promessas, incapaz também de interditar tais regressões assustadoras na direção de um pensamento tribal. É nesse momento que a questão da transmissão vai se colocar como o inverso de *uma falta de...* (cidadania, integração...).

A *transmissão* enquanto *ausência de...* se manifesta como um desvelamento daquilo que faltou às gerações precedentes.

É assim que pequenos atos da vida cotidiana se revelam como insuportáveis incoerências que a criança fará entrar em ressonância com outros silêncios, com outros não ditos de maior gravidade.

Que Charlotte Salomon seja um nome herdado de uma tia suicida sem nenhuma palavra acerca dessa filiação simbólica, que ela tenha sido atravessada por uma séria de mulheres que se suicidaram e que isso tenha sido transmitido no mais absoluto silêncio até a brutal revelação de seu avô, parece haver-lhe permitido, paradoxalmente, a liberação de uma fragilidade extrema. É importante notar que, ao mesmo tempo que recupera a sua história de infância ao pintá-la, ela retrata também esse rasgo enigmático que as Leis de Nuremberg haviam provocado.

Excluída de uma história familiar, de uma história nacional, aquela inaugurada por Mendelssohn, essa dupla exclusão revelada por meio dos *suicídios* vai introduzi-la, pela via da arte, à transmissão. Ela vai, por conta própria, reconstituir aquilo que havia *lhe faltado.*

Em resumo, tais quadros deram a ela a possibilidade de recriar passo a passo uma história pessoal para dela poder se apropriar. É como filha e neta de suicidas que ela vai, para curar-se, transmitir à geração seguinte seu percurso singular, capturado no silêncio parental e na incoerência de uma família e igualmente de um grupo humano, que, como seus compatriotas, não podiam imaginar o alcance de uma destruição em curso que esmagaria a todos.

Não nos surpreende que muitos judeus condecorados com a cruz de ferro de primeira classe da Grande Guerra (1914-1918) tenham preferido se suicidar.

Tampouco nos surpreende que muitos intelectuais antinazistas, desesperados com os signos anunciadores da destruição da cultura alemã, tenham escolhido tirar suas próprias vidas.

Ao destruir as leis da Cidade, as regulamentações nazistas a conduziram ao estado de barbárie. Tudo o que havia sido transmitido até aquele momento foi ceifado pela incoerência, até o ponto em que parecia não haver mais nada a ser transmitido daquilo que havia representado para um conjunto de gerações um ideal de vida.

Pois não nos enganemos: uma geração que é submetida a um semelhante desastre pode considerar ter atingido um limite tal que não lhe permite vislumbrar mais nenhum futuro.

Essa via aparentemente sem saída suscitou nas gerações seguintes, nascidas daqueles que sobreviveram à destruição, uma perplexidade que não poderá se exprimir senão em termos de negação dessa página da história inaugurada pela Revolução Francesa e que sofreu um eclipse na Europa de 1933 a 1945. A partir daí, seus *descendentes* tentarão recorrer a um passado que já se foi há várias décadas (senão vários séculos) e que eles adornarão com todas as virtudes para melhor coincidir com esse lugar que a barbárie havia designado a seus pais: a condição de estrangeiro.

3. Entre “sem pátria” e “excesso de pátria”

Quer esse desastre seja chamado de “destruição de um grupo humano até suas fundações”, “exílio forçado”, “banimento”, “expulsão” ou “emigração econômica ou política”, resta que em todos esses casos sempre se encontram mulheres e homens que, uma e às vezes duas ou três gerações depois, continuem a se considerar ainda como nascidos no exílio.

Como se pode nascer no exílio? Esses termos que parecem se anular representam uma realidade cotidiana à qual somos todos confrontados. Como terapeutas, como trabalhadores sociais, mas também como analistas, como linguistas, como sociólogos ou como escritores.

É espantoso pensar que milhares, milhões de seres humanos se consideram nascidos no exílio. Não no exílio de uma mítica Terra Prometida, mas tendo nascido arrancados de seu ambiente em um tempo anterior ao seu nascimento. De um meio que imaginam ter o direito de considerar como seu, como *natural.* Bem antes de seu nascimento, em uma história que os precede, eles parecem já presos neste deslocamento imobilizante, que os amarra, que se define por "ter nascido em outro lugar".

No espaço fabuloso do exílio parental.

No espaço fantástico de seus projetos abortados e de seus sonhos que se transformam em pesadelo.

Pelo desajuste de seus sobrenomes em uma outra inserção geográfica e por meio dos nomes incongruentes, atualizam a ligação que possuem com uma terra que foi roubada.

Seus contemporâneos, aqueles que os rodeiam, os habitantes de seu país de adoção, os designam como estrangeiros ou alógenos, e os que ficaram no velho país – como dizemos nos Estados Unidos – os consideram sob grande suspeita.

Não os enquadramos, literalmente.

Eles são considerados fora do quadro, fora da norma, num entre dois em que é exigido desses quase-autóctones provas exageradas de apego extremo por aqueles que ao mesmo tempo os repudiam.

Seus cabelos ou olhos, sua pele ou gestos provocam insulto. O insulto ou a fascinação.

São objetos de desconfiança. Vivem como suspeitos. Por não se enquadrarem.

Aberrações.

Filhos de um divórcio ou de uma separação de corpos, eles obtêm como única referência o silêncio parental sobre o lugar de onde vieram... o silêncio ou então uma palavra nostálgica ou agressiva a respeito da terra ancestral tornada terra do inimaginável. Do inconcebível radical.

Eles nascem desta dificuldade de *conceber*, da impossibilidade de colocar em palavras este passado, palavras que não sejam epitáfios.

Nascem, como Rebeca, neste país [a França] e, no entanto, tudo os remete a este desconhecido tão opaco quanto o *x* das equações algébricas.

Rebeca nasceu no subúrbio ao nordeste de Paris de pais egípcios. Sua família permaneceu vinculada à sua aldeia no Nilo até o momento presente. Compartilhando um andar de um conjunto habitacional popular com outras famílias expulsas do Egito durante a lamentável expedição tripartite de 1956, eles continuavam vivendo segundo os ritos, usos e costumes próprios à sua cultura ancestral. Chegavam a calcular o preço de suas compras em piastras ou em libras egípcias e não era raro escutar jovens transplantados de menos de 6 anos de idade pedirem aos avós um "meio franco"[1] para comprar uma barra de chocolate.

Porém Rebeca, concebida no Egito, nasceu na França. O lugar de seu nascimento é uma fonte de conflitos com sua irmã Sarah, dois anos mais velha que ela. Sarah se sente mais legítima no pertencimento à família e faz questão de não deixá-la se esquecer disso. Assim, deverá Rebeca continuar a "se doar" desesperadamente para provar, ao custo de um sofrimento extremo, seu pertencimento a essa família inteiramente voltada para o passado, que segue vivendo numa expansão extratemporal de um território perdido para sempre?

Nascida no exílio do país parental, ela não sabe como – em qual língua – falar do país deixado para trás. Ao mesmo tempo, seu meio não cessa de viver num além-e-agora, num aqui-e-antes que apenas reforçam o sentimento de vergonha e de evasão.

Vergonha de ter nascido estrangeira aqui.

Vergonha de não haver nascido lá.

---

1 É assim que se denomina no Egito a moeda octogonal de duas piastras e meia. [N.A.]

E é nesse descompasso que ela se situa, a ponto de fazer com que sua língua não deixe de se forquilhar.

Porque, quando ela vem falar de seu passado, de sua infância, de sua genealogia, ela não cessa de se interrogar dolorosamente sobre a possibilidade de achar uma língua suscetível de *dizer* sobre esta simultaneidade contraditória na qual ela parece estar presa.

Em qual língua a evocação de seu passado e de seu presente pode ser feita? Na língua do país parental? Naquela do país de acolhimento? E, sobretudo, como fazer com que esta palavra abra um campo de inscrição e não um ruído vindo se sobrepor a um silêncio pesado, de modo a reforçá-lo?

São questões das quais desejo tratar fazendo apelo a uma metáfora que coloca em jogo quatro posições possíveis da relação do sujeito com a língua.

A primeira figura será aquela que nos permitirá interrogar aqueles que, como Rebeca, nomeiam seu lugar de nascimento de "exílio". Filhos ilegítimos cujo brasão aparece dividido e que só podem, a fim de sobreviver, serem contrabandistas da língua.

* * *

O que seria uma língua de contrabando?

Podemos imaginar juntos por um momento.

Seria uma língua enterrada no fundo da nossa memória, como um mendigo, um ferroviário, um Jean Valjean[2] banido, escondendo no fundo de sua bolsa candelabros roubados de um generoso benfeitor? Seria uma herança enfiada num cofre, por medo de que algum funcionário da alfândega possa se apropriar de uma parte ou tomá-la por inteiro? Seria, por fim, um tesouro feito de

---

2 Referência ao famoso protagonista do romance *Os miseráveis*, de Victor Hugo. [N.R.T.]

pergaminhos e de armaduras, de brasões e de estandartes desbotados que só são preciosos para aquele que os possui? Este, periodicamente tomado de um impulso nômade e do desejo de pilhar esses tesouros esquecidos em alguma terra distante, levaria com uma profusão de precauções, ridículas ao olhar dos indiferentes, de um país a outro, de um continente a outro, esses restos a fim de que não caiam em mãos impuras.

As línguas de contrabando são um pouco de tudo isso: elas são queridas, adoradas, são propriedade daqueles que se creem seus depositários. Elas são uma música, uma melodia, um embalar; são invocadas ou convocadas para consolar ou para sustentar grandes indignações, sagradas e ridículas indignações.

Escondidas do olhar alheio, parecem ter mais relação com o olho que vê do que com o ouvido que escuta.

Mas o contrabandista é raramente consciente daquilo que porta. Ele é como um fraudador que, quando chega na alfândega, se dá conta com horror de que carregava, com toda *boa intenção*, mercadorias que de pronto, sob o olhar indignado ou inquisidor do outro, se revelam proibidas.

Contrabandista sem o saber, esse homem não usa jargões, mas em sua escritura aparecem, como com Albert Cohen, que escrevia em francês – e com que elegância –, elementos de uma língua que há muito não se usa mais. Assim, como filigranas, o natural de Corfu ou o crioulo, o parisiense de Belleville ou o italiano, o alsaciano, o espanhol ou o árabe, vêm marcar com seu selo um estilo, dotando-o de um perfume incomparável.

Desse modo, tal literatura, ou deveríamos dizer toda a literatura, irá carregar nas páginas mais sublimes ou nas mais banais, nas mais preciosas ou nas mais clássicas, paisagens e perfumes, barbarismos e os termos em desuso que testemunham e palpitam com vivacidade esta coisa atapetada no mais profundo da nossa subjetividade: a língua de contrabando.

Desse modo, *em nome da verdade* devo declarar: não tenhamos medo de ser contrabandistas. É por esse meio que chegaremos a transmitir. Aceitando que o purismo da língua, sua imutabilidade, seja um engano. Exilados somos todos, como os trans-humanos que queimaram seus navios. Jamais encontraremos intacto nosso passado e nem os pináculos míticos de nossa infância, o encanto esplêndido de nossas sinagogas sonolentas ou o grito do muezim chamando na alvorada os fiéis para a prece na mesquita. É pouco provável que reencontraremos o fervor militante dos anos do pós-guerra ou os cortejos combativos que percorreram Paris, levando à frente bandeiras vermelhas ou negras, para protestar contra o assassinato legal de Puig Antich[3] ou de Julian Grimau…[4] Somos daqui e de lá, de hoje e de outro tempo. Incessantemente. Não como o personagem do *Peregrino* de Charles Chaplin que, com um pé em cada país, o corpo projetado como uma ponte por sobre a fronteira, avança na direção de um objetivo que não cessa de escapulir, não como o asno de Buridan ou como as belas histéricas para quem constantemente um outro lugar é mais delicioso, mas numa posição subjetiva na qual os significantes se revelam infectados disto que chamo de língua de contrabando.

Porém, às vezes, da mesma maneira que certos exilados temem perder a terra ancestral, pode-se perguntar: as línguas são mortais?

Em um mundo de trans-humanismo e de deslocamento de pessoas ou de comunidades inteiras, em um mundo onde a extinção dos particularismos está na ordem do dia sob um fundo

---

3 Salvador Puig Antich (1948-1974): militante anarquista catalão, executado pelo regime político de Francisco Franco. [N.R.T.]

4 Julián Grimau García (1911-1963): político espanhol, membro do Partido Comunista da Espanha, e igualmente executado pelo regime franquista. [N.R.T.]

de purificação étnica, as línguas minguam e morrem. Semelhantes a um astro envelhecido, perdem seu brilho, gaguejam sua lacuna, são como que claudicantes e nada parece poder sustentá-las. Dizimado ou disperso, o grupo humano que outrora as utilizava, virou-lhes as costas.

Anêmicas, relegadas à condição de velharias ou objetos de descarte, dizemos às vezes que essas línguas estão mortas; poderíamos com mais justeza chamá-las de "línguas prolongadas".

Vamos atentar para seu destino por alguns instantes. Algumas dessas línguas não são mais que uma lembrança. Na melhor das hipóteses são objeto de monografias ou de tratados científicos. Outras são coletadas a título de memória oral. Outras, por fim, são relegadas à categoria de "jargão" pelos defensores de uma cultura unificada e terminam por extinguir-se.

No entanto, essas línguas continuam a agir, seguem *correndo* a título de uma nostalgia. Algumas, como o latim ou o hebreu antigo, ou como o árabe dos muçulmanos da Europa, da Indonésia ou da África negra, são elevadas à categoria de línguas sagradas. Desse modo, ficam limitadas, presas no gel do ritualismo e da sacralidade, e o piedoso convertido em purista se obstina em transcrever o mínimo acento, a menor vogal sem nada omitir, sob pena de cometer um sacrilégio absoluto. Quem ferir essa língua, ferirá o divino... Língua de escriba, ela não é mais falada, ela é escandida, recitada, lida, pouco compreendida, ela só atua pela magia de sua escritura, de sua caligrafia, da qual o recitador fará de si o suporte, se é que não o chantre.[5]

5 *Chantre* é um título eclesiástico, presente na Igreja Católica que, no passado, designava o mestre do coro ou cantor de salmos e responsórios, especialmente em catedrais. [N.R.T.]

Porém essas línguas prolongadas não desaparecem completamente. Elas são objeto de uma nostalgia dilacerante e, logo depois de terem sido vendidas em alguma feira de vaidades, nos nojentos mercados de pulga, elas recuperam seu *status*: o da *madeleine* proustiana, cujo gosto perdido para sempre relança uma busca interminável por um sotaque passado ou por uma música submergida. Têm a reputação de não traduzir nada além do afeto ou ainda de estarem próximas a uma suposta "língua do inconsciente". Como tal, perdem o seu estatuto de línguas vulgares. Como tal, deixam de existir.

Mas, em outros casos, essas línguas faladas por ancestrais longínquos entram na composição de línguas recentemente adquiridas e assim sobrevivem como o crioulo das Antilhas ou da Reunião, o cajun da Louisiana ou o joual do Québec, ou mesmo a gíria do porto de Hamburgo ou as palavras escandinavas e hebraicas que se ligaram ao alemão hanseático, de onde as línguas judaicas: o judeo-alemão, o judeo-espanhol (o *judezmo* ou *espanioli*), o judeo-tártaro dos caraítas lituanos (*o tat*), o judeo-grego (o *yevanita*), o judeo-árabe ou o judeo-curdo. Daí a existência de palavras românicas que sobreviveram entre os lituanos descendentes dos judeus expulsos da França no século XIII.[6]

O gênio da língua assemelha-se àquele personagem alado que ultrapassaria uma coluna da liberdade forjada com canhões e colocada num espaço que testemunha uma fortaleza arrasada até suas fundações. Tal seria a imagem última das línguas que dizemos mortas. Elas se destacam de longe e dão testemunho de uma ruína que nada tem a fazer senão evocar sua existência.

---

6 A título de exemplo, o termo iídiche *tchoulent* designa o prato colocado ritualmente sobre um *réchaud* de combustão lenta às sexta-feiras à tarde para ser consumido no sábado ao meio dia, e vem do antigo francês *chaud-lent* que acompanhou aqueles que foram expulsos do reino da França durante o século XIII nas suas peregrinações para o Leste Europeu. [N.A.]

Tais línguas são localidades-ditos.[7]

Não se trata, portanto, para nós, de visitar, como mortos-vivos, essas localidades-ditos durante uma noite de Santa Valburga,[8] mas de transformar o que pode vir a ser um cemitério em um lugar lúdico.

Brincar com a língua, inclusive com aquela chamada de "prolongada", introduzir o *Witz*, o jogo de palavras, para usar e abusar dela sem medo, não seria considerar que uma língua, uma história, não pode se cadaverizar? Que ela se transmite como se transmite um nome, levando consigo seus arcaísmos e suas marcas de trans-humância ou de deportação.

Além do mais, podemos imaginar por um instante que todos, nativos, alógenos ou estrangeiros, portamos palavras que estariam adormecidas em nosso discurso? (Quem pode reivindicar que a locução "estou com sono" não implica também "neném nanar"?).[9]

O esquecimento é fecundo. É a partir do trabalho do esquecimento que significamos nossa existência. Gostaria de lembrar aqui

---

7 No original em francês, *lieux-dits*: "O termo não possui correspondência na língua portuguesa e está comumente associado com o mundo da enologia: *lieu-dit* é um termo toponímico francês para uma pequena área geográfica com um nome tradicional. O nome geralmente se refere a alguma característica do lugar, seu uso anterior, um evento passado etc. Um *lieu-dit* pode ser desabitado, o que o distingue de um *hameau* (aldeia), que é habitado [...]. Normalmente, um *lieu-dit* é o menor pedaço de terra que tem um nome de vinhedo tradicional atribuído a ele". https://en-m-wikipedia-org.translate.goog/wiki/Lieu-dit?_x_tr_sl=en&_x_tr_tl=pt&_x_tr_hl=pt-BR&_x_tr_pto=sc. [N.R.T.]

8 A Noite de Santa Valburga ou Santa Valpurga é uma festa tradicional pagã celebrada em diversos países da Europa, na passagem da noite de 30 de abril para 1 de maio. Na região da Baviera é também conhecida como "Noite das bruxas" (*Hexennächt*). [N.R.T.]

9 No original: "*Qui peut prétendre que dans la locution 'j'ai sommeil' ne court pas 'bébé dodo'?*". [N.T.]

que o "inconsciente não é perder a memória, mas não se recordar o que já se sabe", o esquecimento se constitui como um saber. Da mesma forma, é essa parte do *não recordar* que trabalha e fecunda nosso discurso, e que nos parece importante privilegiar aqui. Podemos afirmar então que a transmissão é um meio-dizer que transmite um in-sabido:[10] tal é a fórmula que introduzirá o que nomeei "as línguas do esquecimento".

As línguas do esquecimento são aquelas línguas, palavras, que a criança escuta sem compreender e que darão ritmo aos pequenos e grandes eventos da vida do bebê. É a língua do ofegar, do aleitamento, a língua apenas articulada das exclamações, das palavras que ainda não representam nada, que são como cochichos, suspiros, fragmentos de palavras, flechas enfiadas na carne, carícias esboçadas, bofetadas jamais dadas, e que, como adultos, para nossa grande surpresa, a reencontramos um dia, no decorrer de uma frase, no decurso de uma emoção. Não compreendemos de onde vem essa palavra, esse vocábulo, essa expressão obsoleta; ela nos é estrangeira como um dialeto esquecido, um dialeto destruído pela língua acadêmica dominante.

A língua do esquecimento sustenta nossas emoções mais arcaicas, as mais violentas. Às vezes ela surge num lapso inexplicável, frequentemente como *o encontro*, caro aos surrealistas, *de um guarda-chuva e uma máquina de costura sobre uma mesa de dissecação.*

Em uma ocasião me relataram que uma mulher ateniense judia que havia imigrado para Paris, no leito de morte, aos 78 anos, reencontrou uma língua que, segundo seus próximos, não usava havia muito tempo. Ela gritava em grego: "Não, mamãe, não, não na escuridão; deixarei de ser malvada, mas não me tranque na

10 No original: *C'est alors que nous pouvons affirmer que la transmission est un mi-dire qui transmet un in-su.* [N.T.]

escuridão". À beira da morte, esta senhora muito simples havia se reencontrado com o trágico goetheano, numa língua que ninguém podia imaginar que ela ainda recordasse.

Esse exemplo é ainda mais eloquente quando o escutamos de pessoas que só falam uma língua e reencontram expressões familiares ou mais que familiares numa outra língua, em momentos de gozo ou sofrimento extremos.

Passamos nossa vida a esquecer os primeiros sons de nossa infância, que não cessam, portanto, de nos trabalhar como o fermento trabalha uma massa que não para de crescer. Passamos a vida a driblar nossos terrores infantis. Quem, no entanto, ousaria dizer que não seremos surpreendidos por uma língua para sempre esquecida?

O que seria então uma língua materna?

Seria a língua que escutamos durante a infância e na qual estivemos imersos? Seria a língua falada por uma cuidadora ou por uma mãe quando fala a seu filho?

Poderíamos dizer que o monolinguismo seria um mito aterrorizante para aquele que, ao falar a língua de sua mãe, temeria confundir-se completamente com ela, a ponto de não haver mais alteridade possível?

São tantas questões que me permito fazer um desvio por meio de Wolfson,[11] autor de duas obras marcantes intituladas *Le schizo et les langues*[12] e *Ma mère, musicienne, est morte de maladie maligne*

---

11 Louis Wolfson, escritor nascido em Nova Iorque em 1931. Diagnosticado desde a infância como esquizofrênico, foi submetido, durante a adolescência, a situações de violência em instituições psiquiátricas e ao eletrochoque. Por não suportar a língua materna, sua produção escrita se faz apenas em outra língua que não o inglês. [N.R.T.]

12 Wolfson, L. (1970). *Le schizo et les langues*. Gallimard.

mardi à minuit au milieu du mois de mai mille neuf cent soixante--dix-sept au mouroir Memorial de Manhattan.[13]

Wolfson, nascido em Nova Iorque de pais nova-iorquinos, não pode, a partir dos 20 anos, falar em inglês e nem tampouco escutar essa língua. Assim, ele fala com os mais próximos em alemão, russo ou iídiche, escreve em francês e passa o dia com um *walkman* (bem adiante de seu tempo) permanentemente ligado em estações de rádio europeias para não ouvir "o abominável idioma materno", diz ele. Ele odeia essa língua, ao mesmo tempo que deseja e ama violentamente sua mãe. Entre ela e ele não existe limite e não há lugar para um terceiro que pudesse temperar a invasão materna que experimenta com dor e pavor. Seu compromisso existencial passa pela necessidade de tapar os ouvidos face à língua excessivamente familiar e usar idiomas estrangeiros para falar. Para ele não há outra alternativa: ou isso ou a catástrofe na qual arriscaria submergir sem recurso possível.

Esse caso é impressionante, assim como é impressionante esse tipo particular de loucura chamado "psicose sem linguagem".

A língua dita "materna", paradoxalmente, seria a língua que, ainda que veiculada pela mãe, permite à criança se separar *dela*. A língua permite endereçar-se ao "primeiro Outro" – a mãe –, mas, para que este endereçamento seja possível, é preciso que se instaure uma distância que permita à criança *demandar*, sem medo de ser engolida por um "sim" que antecipe seus desejos ou por um "não" que experimentará como um empurrão para o tenebroso exterior de uma rejeição radical.

---

13 Wolfson, L. (1984). *Ma mère, musicienne, est morte de maladie maligne mardi à minuit au milieu du mois de mai mille neuf cent soixante-dix-sept au mouroir Memorial de Manhattan*. Éditions Navarin.

A língua não é uma expansão do maternal e de seu corpo, ela seria mais precisamente a expressão desta parte da mãe distraída da criança, voltada para o que se passa além. Isso que se chama a língua materna conjuga o balbucio infantil com as palavras familiares ou estrangeiras. Tais palavras, tais expressões são, a partir desse momento, acolhidas *pela língua*, da qual passam a fazer parte. Elas não são abolidas, elas aí trabalham e lhe são homogêneas, lhe dão *seu estilo*.

A esse propósito, não existe uma alternativa monolinguismo/bilinguismo, pois no instante em que *Eu* falo, *Eu* não traduzo, *Eu* não se traduz.[14]

E se consideramos que a situação de exílio efetivo também é uma metáfora que nos permite recordar que o sujeito é sempre um exilado de um amor impossível, esse que o engoliria no desejo maternal, então podemos dizer que aquilo que por antífrase nomeamos a língua maternal é aquela que, incomparável e qualquer ao mesmo tempo, nos acompanha nas diferentes manifestações da nossa vida social ou lúdica, intelectual ou amorosa. Aquela que significa que a inquietude não está ligada ao estrangeiro ou ao heterogêneo, mas sim ao excessivamente familiar dos pesadelos de infância, ou ao quase familiar daqueles casos tanto mais inquietantes quando não são de todo semelhantes, os quase diferentes, os quase semelhantes.[15]

Em suma, o exilado (e aquilo que esse termo metaforiza do sujeito) se assemelharia a Champollion que, graças à pedra encontrada na cidade de Roseta, pôde decifrar e traduzir em francês a

---

14 No original: "à l'instant où *Je* parle *Je* ne traduit pas, *Je* ne se traduit pas".

15 Este é o caso do antissemitismo atual inaugurado pelos nazistas: em razão dos alemães de fé mosaica terem se tornado quase invisíveis... era necessário desmascará-los e expô-los à vista de todos antes de exterminá-los. [N.A.]

língua hierática dos antigos egípcios a partir da sua transliteração em caracteres gregos e sua tradução em língua helênica.

Decifrar os *segredos* de nossa história graças ao grego clássico (da nossa cultura), ao demótico (de nossa primeira língua falada), ao hieróglifo (de nosso balbuciar infantil)... a partir de uma quarta língua, a francesa, não seria o destino comum ao qual nos confrontamos? Não seria isso o que nos permitiria acabar com o mito da pureza de uma genealogia e com a ideia de que um só traço nos define totalmente?

Porém, se a terra deixada para trás se torna, a exemplo de um corpo materno, inquietante e fascinante ao mesmo tempo, então o exilado vê suas referências vacilarem ao ponto de se sentir reduzido ao estatuto de um resto de referências incertas, de limites imprecisos e de imagem desfocada. Ele é aquele que querendo falar da origem se choca com a sua loucura. Seria como um condenado que, preso em um dos círculos inferiores do inferno, tentaria recordar-se de como *ele* falava, de como a palavra e a língua lhe vieram... e que não poderia exprimir este esquecimento existencial a não ser proferindo gritos inarticulados e assustadores como os de um mudo. Transformar a língua em um texto profético que seria gritado de forma aterradora e obscena ao mesmo tempo, equivaleria a soltar esse grito do qual ninguém pode se recordar, que só os loucos imaginam poder restituir, quando ornam sua língua com fragmentos de palavras que seriam como tapa-buracos ou preenchimento de lacunas... tentando fazer a língua dizer toda a verdade sobre uma história que desapareceu. Pois é com isso que aquele que se imagina sujeito de um despossessão se vê confrontado: *reencontrar a origem, o que equivaleria a tentar ler os fragmentos de baixo-relevo recobertos por uma escrita desconhecida que portaria um mito fundador do qual nada se sabe.*

Tais inscrições elípticas representam essas línguas decadentes e incompreendidas das quais as minorias se separaram. Estas sofrem de tais línguas como outros sofrem de uma laceração em seu ser, uma laceração cujo luto não podem fazer. Daí a aspiração de fazer da língua uma insígnia que, de tão exposta, seria como uma tatuagem na pele daquele que não consegue superar não ter sido contemporâneo de seus antepassados. Que não supera não poder viver com um pé em cada século, para melhor saborear a obscenidade de uma imobilidade temporal irrisória e irracional, para poder melhor murmurar, na vergonha ou no gozo, os dialetos ancestrais perdidos e inesquecíveis ao mesmo tempo. De onde a convicção à qual as minorias aderem: a partida que os lançou ou aos seus pais em uma outra terra, em um outro continente, representa um declínio, uma ejeção, que nenhuma nova inserção territorial poderia vir a reparar ou a redimir.

Em suma, aquele que faz parte de uma minoria é frequentemente tentado a acreditar-se responsável por redimir "a decadência ou a traição ancestral". Dessa traição que faz os exilados pensarem que se tornaram impasses genealógicos.

A questão se encontraria esboçada entre a redescoberta inconsciente de um ardil que subverteria a língua, a música, até produzir uma nova arte, uma nova escrita, um novo estilo de que o *rap*, o *reggae* ou os *tags* seriam as últimas e frágeis testemunhas. É aí que aquele chamado a responder à questão "como podemos ser persas?" poderia então retorquir dizendo que somente um enciclopedista surpreso com a descoberta das taras da monarquia absoluta teria o direito de formular tal pergunta cuja ironia cáustica nunca deixaria de nos encantar.

Daí a questão que não cessa de insistir: em qual língua se deve transmitir? Como transmitir em outra língua a vida agitada de um porto mediterrâneo, suas cores vibrantes, seus odores, os gritos dos mercantes e compradores que os visitavam? E, ainda, como exprimir que tal perfume, mescla sutil do imundo e do delicioso, possa representar um ponto focal de nostalgia absoluta que nenhuma palavra transposta é suscetível de transmitir?

Traduzida, friamente enunciada, ela poderia miseravelmente reduzir-se a algo assim: "Este odor combina os perfumes de pimenta-cinza, de cardamomo, de cominho, de açafrão, de urina, de esgotos abertos, de mangas e goiabas por longo tempo expostas ao sol...".

É então que a lembrança se torna expressão da podridão e a palavra se reduz à impossibilidade de dizer da nostalgia que circunda o odor de um beco, de uma ruela, de um quarteirão...

Como descrever mesmo os pequenos vilarejos do Leste Europeus magnificados por Chagall, povoados por miseráveis muito felizes por comer um arenque seco por semana, muito felizes por passarem desapercebidos em meio à hostilidade apresentada pela população que os rodeava? Como dar a entender que esses vilarejos miseráveis, assombrados por uma pequena população judia *e* polonesa, ambas fanatizadas e banhadas no obscurantismo mais sombrio, nada tinham de exaltante?

Como, além do mais, esses vilarejos puderam aceder ao estatuto de obscuro objeto de desejo, de uma ligação última com um gozo do qual foram desviados, se não por falta de transmissão, por não tolerar que seja *lícita* a passagem de uma língua a outra, por falta de uma historicização tornada quase impossível desde o tremor de terra que teve por nome "destruição", emigração sem retorno possível ou sobrevivência aleatória, que alternativamente conotaram esse espaço de horror ou de maravilha. A "solução final" havia definitivamente poupado esses vilarejos – exceto para alguns especialistas – de toda pesquisa sociológica ou geopolítica suscetível de dar conta do que eles realmente eram.

Não seria a dificuldade de encontrar as palavras para evocar o país natal dos pais e dos avós o que impossibilitaria frequentemente a transmissão do que foi sua essência propriamente dita?

Daí a dificuldade lógica a que somos confrontados: esse passado é um apelo à transmissão – como dizemos [em francês], um apelo de ar –[16] e, ao mesmo tempo, a forma mesma que assume essa *pulsão invocante de saber*, acaba por impedir que isso possa ser transmitido.

Vamos tentar entender mais precisamente o que significa tal proposição: a pulsão invocante parte do ouvido que tenta entender, escutar isto que ainda não foi emitido. Trata-se de um apelo à enunciação, um apelo à palavra. Suponhamos que estamos em um caso de privação sensorial na qual o sujeito pode sofrer de uma ausência de discurso a ponto de esvair-se. Assim, podemos formular a hipótese de que a *criança* que lança um apelo em vão à sua história familiar sem que nada possa vir ao encontro de sua expectativa – a falta de palavras adequadas – é como um prisioneiro privado de toda incitação sensorial. Busca desesperadamente por algo que poderia acalmar sua sede inextinguível, a ponto de estar vulnerável ao que poderíamos chamar de uma miragem sonora; a partir daí, isto que lhe falta mais cruelmente irá se impor tal uma alucinação maravilhosa e inatingível que vai reforçar o sentimento de exclusão ao qual está preso.

É quando os ancestrais se tornam personagens de sonho – ou de pesadelo – inconsistentes, interditando o acesso ao paraíso perdido, interditando também a possibilidade de uma continuidade transgeracional.

---

16 *Un appel d'air* é uma expressão que significa uma brisa, um vento bom, um alívio em uma situação difícil. [N.T.]

De repente, uma tentação dupla corre o risco de surgir: seja tentar desesperadamente pular as gerações, apagar os exílios e as separações para confundir-se *identitariamente* com *os ancestrais dos tempos passados...* e é o retorno ridículo ou melodramático ao tempo das gaitas bretãs ou da chilaba, dos penteados alsacianos ou dos caftans, a ponto de o sujeito se encontrar projetado em uma impossível e improvável contiguidade com seus ancestrais mais longínquos... seja decretar que só a descontinuidade precede o seu destino, como tentativa de se livrar definitivamente da questão e viver na ilusão de uma existência sem referência alguma ao passado, vivendo em um presente que o protege daquilo que poderia revelar-se devastador. Nem herdeiro de um sobrenome, nem herdeiro de uma cultura, ele é o primeiro elo (e, em geral, o último) de uma dinastia que rompeu abruptamente, prematuramente, de forma radical suas amarras sem encontrar novos pontos de inserção, a ponto de estar submetido a toda sorte de derivas, a ponto mesmo de se abater sob a forma de uma profunda melancolia. *Esse eterno exilado vive como se fosse o resíduo de uma maravilha inalcançável atingida pela negação.* Para ele, o caminho do luto está bloqueado. Resta uma tristeza insondável que o surpreende nos momentos mais inesperados. Perpetuamente assombrado, perdido na Cidade, aquele que se proíbe experimentar o mínimo interesse por sua história exerce sobre si mesmo e sobre os demais uma crueldade infinita, como se tivesse que expiar a culpabilidade de ter nascido *heimatlos.*[17]

17 Sem pátria. [N.A.]

4. Uma identidade simples... fragmentada... complexa

Porém, como entender tal dificuldade de transmitir, isto é, *de dar e receber*, senão que a partir do momento em que de uma geração para outra há uma quebra, um corte radical demais, um salto muito grande no tempo e espaço, a ponto de se tornar quase impossível que antigos emblemas possam ser aceitos como tais pelas gerações subsequentes.

Uma forma de violência exercida, sofrida e às vezes buscada se manifesta por aquilo que chamaremos de *transmissão forçada*. Assim o é para aqueles que não conseguem transmitir seus caminhos em toda a sua complexidade e podem vir a suscitar em seus descendentes a compulsão de ir buscar no passado mais longínquo elementos "decorativos" de uma cultura sobre a qual tudo ignoram para a ela se conformar.

Essa ignorância teria sua origem na dificuldade experimentada por uma família ou por um grupo de reconsiderar certos aspectos de sua história. Tal é o caso do despertar islâmico (ou *ao contrário*, de certos excessos ditos delinquentes que são o seu inverso) de uma parte da juventude oriunda da emigração magrebina, que encontraria – de acordo com Benjamin Stora –[1] sua origem, de um lado, na recusa da integração dos imigrantes que chegaram na França entre 1920 e 1960, em nome da descolonização e da independência, e, de outro, na dificuldade de reconsiderar os problemas que se colocaram a esta geração, confrontada com a falsa narrativa da departamentalização da Argélia, que concedia a cidadania francesa a todos os argelinos, enquanto criava desta forma cidadãos de segunda categoria. Que o desejo de se liberar de tal tutela tenha sido acompanhado de lutas sangrentas entre diferentes facções argelinas, até mesmo no território francês, diz bastante sobre as dificuldades que esta emigração – única em seu gênero – encontrou, na ambivalência diante da integração exigida e recusada ao mesmo tempo.

Que a tentação fundamentalista e a marginalização abatam de uma maneira notável, ainda que minoritária, esta emigração nos permitirá lançar *pelo avesso* uma questão que não deixa de preocupar a todos que estão confrontados com a persistência de transmissões que podem ser consideradas tão surpreendentes quanto obsoletas.

De fato, como entender que alguns como Daniéle Schnapper, Alain Finkielkraut, Pierre-Patrick Kaltenbach ou Arezki Dahmani,[2] laicos entre os laicos, com antepassados integrados em alguns casos há séculos na sociedade civil, continuem a se chamar "judeus", "protestantes", ou "muçulmanos", a não ser pelo fato de que sua condição *atual* de descendentes de minorias supõe um apego àquilo que – aos olhos alheios, da grande maioria – caracterizava seus ancestrais. Esta proposição fortemente conotada de

1 Stora, B. (1993). La mémoire de la guerre d'Algérie chez les jeunes issus de l'imigration. In J. Barou, *Memóire et intégration*. Syros.

2 Cahiers du Centre Galilée .(1993). *Religion, laicité, intégration*. Actes du colloque organizé par le Centre Gallilé et le Centre Pompidou, 25 maio 1991.

hipóteses sartreanas (é judeu aquele que é considerado como tal por aqueles que o circundam) possibilitará supor que essa designação de judeu, de protestante ou de muçulmano (poderíamos dizer o mesmo de occitano, de alsaciano ou de basco) por terceiros, dá consistência a um sentimento de pertencimento àqueles a quem isso se aplica.

Com efeito, esta não é certamente uma condição necessária, ela se dá neste caso apenas na medida de se constituir uma *identidade*. Pois cada um dos membros desses grupos viveu por si mesmo apaixonadamente - na mais forte concepção deste termo - a necessidade de se reconhecer e, às vezes, de ser reconhecido como um cidadão de pleno direito que teria, entretanto, conservado alguns dos traços culturais que lhe são próprios. Para além da crença em uma divindade e em seus mandamentos, para além da nostalgia por uma suposta terra prometida de onde se sentem exilados, para além de uma língua ou dialeto esquecidos, é certo que alguns estão prontos a resistir para preservar essas reminiscências culturais.

Não seria em nome dessa paixão ancestral que o apego se perpetuou no momento em que foi oferecida a possibilidade de desaparecer, de confundir-se com a compacta maioria? Hannah Arendt[3] deixou isso bem claro: tal impossibilidade não remete ao teológico e ao religioso, ao contrário do que pensam certas pessoas. Esse apego, muito pelo contrário, se articula com os avatares da história de um grupo, como os filósofos Lessing ou Kant, Döhm ou Herder, constataram a propósito dos judeus alemães no século XVIII.

A história dos povos sem terra, a história dos grupos vivendo na diáspora é nesse sentido notável. Os gregos e os armênios

3 Arendt, H. (1987). *La tradition cachée*. Christian Bourgois Éditeur.

de Anatólia expatriados na América do Norte ou na Austrália, os sírio-libaneses da África ou da América Latina, os asiáticos da França ou dos Estados Unidos representam grupos que, desde o século XIX, tiveram que enfrentar este problema: como não se deixar absorver inteiramente pelo país de adoção, como não se "sobreidentificar"[4] com o país no qual se foi acolhido, como conservar algumas referências como o patronímico ou as crenças religiosas, integrando-se ao mesmo tempo ao curso de uma história a qual aderiram, na qual entraram de supetão e a qual fizeram sua? No entanto, me perguntarão, por que é necessário que estes laços persistam? Eles não seriam falaciosos? Não seriam fundamentalmente de essência ideológica? É importante destacar que esse argumento é constantemente apresentado pelos jacobinos mais fervorosos, por laicos renitentes, que não podem viajar sem visitar as catedrais e os monastérios (altamente desconfiados dos que visitam o museu – protestante – do Deserto ou a sinagoga de Cavaillon), que adoram escutar os cantos gregorianos, mas se retorcem, horrorizados, diante daqueles que se descobrem deslumbrados com um canto corânico, com uma cantiga do Deserto Cévenol[5] ou com uma cantata hebraica, os fragmentos esquecidos das melodias de sua infância.

No entanto, para além dessas referências que vêm do mais íntimo do sujeito, levanta-se a questão de saber o que autoriza um cidadão que professa os ideais de laicidade e de universalismo a continuar a reivindicar um tipo qualquer de pertencimento, ou seja, a reconhecer-se como inscrito nesta ou naquela genealogia cultural ou textual. Esse reconhecimento pressupõe que a herança

---

4 Segundo o termo de Ernest Tugendhat (1993) em *Être juif en Allemagne.* [N.A.]

5 "Deserto Cévenol" assim era denominada a região – localizada em Cévennes, França – de refúgio e de resistência dos huguenotes, conhecidos como Camisards, que se rebelaram contra a revogação do Édito de Nantes ocorrida em 1685. Com a revogação o protestantismo passou a ser reprimido à força. [N.R.T.]

recebida é eventualmente transmissível. Mas em nome de que ela o seria? Em nome de que os turcos da diáspora alemã, os árabes na França insistem em transmitir esta inscrição primeira? Em nome de que os judeus dispersos pelo mundo, quatro séculos antes da destruição do último símbolo de soberania nacional na Judeia (no ano 68 da era cristã), se afirmavam judeus? Em nome de que eles continuam a se denominar judeus?

Ernst Tugendhat,[6] no ensaio *Être juif en Allemagne*, tenta propor uma resposta declarando que "aquele que [*como ele*] opta pela via universalista não aspira à assimilação, mas a aceita". Portanto, a ideia de preservar uma coletividade *minoritária*, qualquer que seja, geralmente não se sustenta a não ser por opção religiosa ou nacional. Logo, Ernst Tugendhat se declara de bom grado *judeu*... com frequência para o espanto de seus interlocutores. Para entender essa aparente contradição, é preciso ter como referência o caminho ao mesmo tempo estranho e relativamente banal de Ernst Tugendhat. Nascido em Brünn em 1930, refugiado na Suíça em 1938, e logo depois na Venezuela em 1944, ele descobre Heidegger em 1945 e decide se instalar definitivamente na Alemanha em 1951. Filósofo próximo de Habermas, ele terá uma carreira universitária importante. Em 1987, atravessa uma grave crise após uma pergunta de uma jornalista: "Você, que é judeu, por que voltou à Alemanha em 1949?". O abalo foi tal que, segundo disse, ficou paralisado. "Estava lá meu calcanhar de Aquiles. Após uma entrevista dada a Ruth Stanley no Café Einstein, em 1984, eu sabia que essa era a 'minha' falta, mas até aquele momento havia conseguido recalcá-la..." Em 1991, um ano após sua aposentadoria, abandona definitivamente a Alemanha pelo Chile.

A propósito de seu retorno à Alemanha, ele escreveria no prefácio da obra *Être juif en Allemagne*:

---

6 Tugendhat, E. (1993). *Être juif en Allemagne*. Le Cerf.

> *A decisão de 1949, procura de uma identidade que eu não tinha o direito de buscar, foi um erro, mesmo que seus efeitos tenham se revelados justos. . . . Sob sua forma macabra, este erro era mais uma aberração singular, no entanto ele se inscreve em . . . um problema geral que se coloca aos judeus não religiosos da época moderna . . . face à questão de identidade coletiva particular, da identidade nacional. . . . O cosmopolitismo não é . . . uma alternativa. Do meu ponto de vista, o Estado nacional não pode ser superado de um salto e nem pervertido impunemente. Que fique bem claro, espera-se hoje em dia que cada um tenha de si mesmo uma ideia universalista, a ética não pode ser compreendida como uma ética do respeito universal, porém . . . enquanto cidadão do mundo, cada um não pode se comportar na prática senão sendo quem é, o que significa dizer* sendo quem é *de acordo com sua identidade nacional, simples, fragmentada ou complexa.*

Este percurso textual enseja algumas considerações quanto ao que aqui nos concerne.

Inicialmente, nenhum coletivo (judeu, árabe, cigano ou armênio) tem valor em si mesmo. Sua perpetuação decorre constantemente de um enraizamento religioso ou nacional mais ou menos longínquo. Assim, Ernst Tugendhat argumentará que, se é a opção universalista que leva ao diálogo com os outros, o risco de adotar desde o início "um ponto de vista universalista seria o de renegar o (próprio) ponto de vista (que cada um deve), contudo, manter".

O que significa dizer que não há universalismo que não seja partilhado. Que face a um particularismo qualquer, ainda que seja de ordem nacional, cada um deve poder afirmar sua qualidade, e, ao fazê-lo, afastar-se de toda ideia de eleição.

Seja como for, é estranho considerar, à luz dessas poucas proposições, que a posição universalista oferece respostas simples e às quais não podemos deixar de subscrever, mas que, uma vez que esse universalismo não é partilhado, o problema se torna mais complexo, na medida em que o sujeito se encontra implicado em um conjunto de fidelidades que, se são atacadas pelo outro, força-o a regressar às suas identificações primeiras. Isso quer dizer que estas últimas não necessariamente remetem a diferentes crenças nacionalistas ou religiosas e que os fenômenos de identificação somente remetem à *identidade*[7] em tempos de crise, de vacilação das referências ou de irrupções da barbárie e do afeto, ou da paixão, na cena política.

Situado na interseção de duas proposições aparentemente contraditórias de Ernst Tugendhat, de minha parte diria que haveria alguns outros elementos que não podemos perder de vista.

Primeiramente a cultura, que pode representar, tanto quanto a hipótese religiosa, uma causa de desejo que tende a nos fazer manter uma filiação com este ou aquele aspecto da trajetória parental. Esses elementos, que incluem, como dissemos, a língua, os costumes familiares, as fidelidades históricas, o amor e essa parte

---

7 A identidade leva em consideração um conjunto de imagens externas ou internas que permitem, por exemplo, que um *indivíduo* possa dar a ver e a escutar, sem descontinuidade, a aparência de seu particularismo. A identificação é muito mais singular. O *sujeito* se identifica com algumas referências as quais faz suficientemente suas sem necessidade de ostentação. Este processo inclui o que chamamos de *simbolização* (a este propósito, a dimensão imaginária da *identidade* não lhe é estrangeira). Isso se percebe como quando se diz a um grupo qualquer: "você não é nada, a cultura que você herdou não é nada e você está reduzido (ou eu o reduzo) a este nada", os sujeitos pertencentes a este conjunto se sentem imediatamente condenados a exibir suas insígnias identitárias. Uma "minoria invisível", como dizem os quebequenses (a propósito de certos grupos não passíveis de serem definidos pela "cor"), pode tentar então se tornar visível ou ser condenada a se tornar. [N.A.]

irracional que habita enfim cada um de nós, podem ser um poderoso estímulo de perpetuação *laica* do sentimento de pertencimento. As diásporas gregas, armênias... por vezes separadas há séculos da terra natal conheceram este fenômeno, os judeus social-democratas e laicos do Bund o encarnaram, enquanto os ciganos, que representam um caso um pouco diferente, poderiam igualmente corresponder a esse tipo de identidade complexa. Chama também a atenção que Ernst Tugendhat, de cultura alemã,[8] pareça ignorar a complexidade cultural de certas diásporas judaicas que souberam desenvolver em seu seio, a partir do século XIX, elementos desvinculados tanto da crença religiosa quanto da vertigem nacionalista.[9]

Outro elemento a se levar em consideração diz respeito aos fenômenos de identificação que permitem a transmissão dos traços referidos à cultura e em torno dos quais se estrutura o sujeito. Esses traços de identificação simbólica suscitarão reações de afirmação crispada em uma identidade que virá a ocupar toda a cena do discurso apenas na medida em que o outro se apresente como que colocando em causa o sujeito ao reduzi-lo ao seu pertencimento: reduzido a ser não mais que um "*youpin*" [judeu], "*bicot*" [árabe],

8 Os judeus alemães, os alemães de fé mosaica, não haviam desenvolvido – contrariamente aos judeus da Europa do Leste ou do Império Otomano – uma cultura singular. [N.A.]

9 Recordamos a esse respeito que uma das cerimônias bretãs [*The pardons of Britanny*] mais faustosas é celebrada na região parisiense, em Saint-Denis. De fato, em 1871, logo após a derrubada da Comuna de Paris, o patronato importou vilarejos inteiros de camponeses bretões, acompanhados de seus superintendentes, para inaugurar e fazer funcionar a usina a gás de Saint-Denis. Desde então, seus descendentes urbanizados, laicizados, às vezes fortemente politizados à esquerda, continuaram a tradição que lhes vincula a uma região da qual já não fazem mais parte... o fato de que outras populações oriundas de regiões ou países situados geograficamente longe das Costas da Armória [Côtes-d'Armor] participem destas festividades me parece revelar uma transmissão efetiva, posto que universalizada. [N.A.]

"*macaroni*" [italiano], "*espigouin*" [espanhol]... o sujeito irá se assujeitar às insígnias que o outro lhe cola e às quais se alienará.

Ele não será nada além disso.

Diante de um eclipse do universalismo, a transmissão será mais uma questão de se aferrar a um tesouro incomparável do que de vínculo com o que foi legado... ela então sofrerá o redobramento de sentimentos nacionalistas e de manifestações desordenadas de fanatismo fundamentalista.

Banir esse vínculo, decretar que se trata de manifestações situadas fora da cultura, não poderá senão provocar um recuo para o etnicismo que, na maioria das vezes, se revela como uma réplica à tentativa de assimilação forçada, que manifesta então sua inanidade radical.

Porém mais grave seria a situação daqueles que, tendo-se identificado absolutamente com um país e sua história, um dia se veem rejeitados pela comunidade nacional. É então que na geração seguinte a referência à transmissão se torna uma necessidade que engaja o sujeito na sua verdade, no lugar mesmo onde a existência de seus antepassados foi negada.

Assim Lucien Vidal-Naquet,[10] jurista francês de uma velha linhagem judaico-campesina, escreve em seu diário em 15 de setembro de 1942:

10 Lucien Vidal-Naquet manteve um diário de setembro de 1942 a fevereiro de 1944. Em 15 de maio de 1944, foi deportado primeiramente para os campos de confinamento em Baumettes, Drancy e depois para Auschwitz, onde foi assassinado no mesmo ano. O diário foi publicado em 1993 por Pierre Vidal-Naquet, filho de Lucien, sob o título de "Présentation d'un document: le journal de Me Lucien Vidal-Naquet". [N.R.T.]

> *Sinto como francês a injúria que me é feita como Judeu. Hoje firmemente acredito que, já que há distinção entre a França e nós, que nós éramos a França, e me separo dela com terrível desgosto, se, como afirma o escárnio dos mestres do momento, é neles e não em nós que a França se incarna.*[11]

Essa ruptura na parte francesa e republicana da transmissão de quem, em 15 de maio 1944, seria transportado a Drancy e a Auschwitz, marca a complexidade das identificações e das diferentes partes da transmissão recebida que não poderia ser de forma nenhuma unívoca.

Hannah Arendt[12] que, por sua vez, sobreviveu à guerra e pôde dar prosseguimento às suas reflexões por várias décadas, em resposta a Günter Grass durante uma entrevista transmitida em um canal da televisão alemã (em 28 de outubro de 1984), relata que desde 1933 uma reflexão a ela se impôs: "Quando alguém é atacado na qualidade de judeu, é como judeu que deve se defender". Esta posição, acrescenta, poderia remeter ao *pertencimento*, porém, na verdade, este problema deve ser considerado como político e unicamente como político. Quanto a este ponto, Hannah Arendt não hesita em afirmar: "Jamais amei, em toda a minha vida, nenhum povo ou coletividade, quer sejam alemães, franceses, americanos... levando em conta o fato de que sou judia, é sobretudo esse amor aos judeus o que me levanta suspeitas".

Amor, ressentimento... tais são, com efeito, os afetos – desastrosos, segundo Hannah Arendt – que constantemente espreitam

---

11 Vidal-Naquet, P. (1993). Présentation d'un document: le journal de Me Lucien Vidal-Naquet. *Annales. Economies, sociétés, civilisations*, *48*(3), pp. 501-512. https://www.persee.fr/doc/ahess_0395-2649_1993_num_48_3_279149.

12 Arendt, H. (1987). *La tradition cachée*. Christian Bourgois Éditeur.

esses grupos cujo destino de "povos párias" lhes faz perder "o mundo na dispersão". Esta perda que parece afastá-los do destino comum pode precipitá-los em um fanatismo que, entre pertencimento apaixonado e rejeição apaixonado, ameaça constantemente aquele que se aliena a uma transmissão e a uma herança dominadas pelo sentimento de rejeição e perseguição. Esse ressentimento será experimentado com muito mais violência quando um grupo tiver "jogado o jogo" da integração e a maioria lhes responder com desdém ou até mesmo com hostilidade.

Liberar-se de um modo apaixonado de pertencimento representa uma perda cujo efeito é a tentativa de "se inscrever na história"; que o preço desta *liberação* pressuponha uma notável modificação, se não o fim de um certo modo de estar-no-mundo, certamente não nos surpreenderá.

Basta viajar através das mais antigas diásporas judaicas que preservaram comunidades "autóctones", sem aportes heterogêneos, de Atenas a Amsterdã, de Istambul a Veneza, para se dar conta disso. As migrações, os genocídios, as destruições, os aportes exteriores e o fim de uma certa *perda do mundo*, o eclipse da *desterritorialização*, modificou radicalmente os comportamentos, as posições subjetivas, a cultura.

Mesmos as identificações – simbólicas – se deslocaram. Parece que cada um é requisitado a inventar novas formas de transmissão, que permitam se separar desses fardos imaginários que fazem com que alguns "*Beurs*"[13] de Bruxelas se nomeiem "*maroxellois*",[14] ao mesmo tempo recusando e reivindicando apaixonadamente sua qualidade de belgas.

---

13 Termo usado para designar os imigrantes do Magrebe na França. [N.T.]

14 Contração metafórica de marroquino e de bruxelense. [N.A.] Em português, seria algo como "marroquense". [N.R.T.]

5. O preço da liberdade

No entanto, é evidente que essa *liberdade*, adquirida junto com o que foi herdado, assim como aquilo que deixaremos de legado, apesar de parecer estar à disposição do sujeito não deixa de levantar questões que o tocam profundamente.

Não nos surpreende que essa *liberdade* no plano do sujeito possa parecer em um primeiro tempo paradoxal. Logo, é evidente que o caminho para a aquisição de tal liberdade interior será longo e complexo, e o preço a ser pago será proporcional à influência que os restos de uma herança não assumida, produzidos por um passado não inteiramente passado, exercem sobre o sujeito.

Para desenvolver esta hipótese, evocaremos dois destinos singulares que nos parecem particularmente excepcionais.

Badiya é uma mulher jovem nascida numa pequena cidade situada nos confins da Tunísia e da Líbia. Seu pai, um antigo cabo líder dos regimentos de fuzileiros tunisianos, retirou-se com sua família para o sudeste da França no final dos anos de 1950. Patriarca destituído, tenta viver sua existência como exilado perpetuando os modelos obsoletos que tenta impor à sua numerosa progenitura. Badiya se revolta, entra em conflito aberto com sua mãe, que também obriga as filhas a se conformarem a um modo de vida ultrapassado... ao mesmo tempo que elas realizam com muito sucesso os estudos secundários. A fenda se alarga. Badiya, ao se tornar maior de idade, abandona sua família, se refugia em uma abadia, converte-se ao catolicismo e, por ocasião de seu batismo, adota o nome de Genoveva – a santa que, segundo ressalta, permitiu aos parisienses resistir aos normandos. Instala-se em Paris, onde se projeta no mundo do *showbiz*, e com grande sucesso. No entanto, um sofrimento permanece: não consegue conceber uma criança. Ela não pode transmitir a vida. Estas são as primeiras palavras que enuncia em sua demanda de análise. Mais tarde dirá – e isto será por um longo tempo sua divisa:

> *"Serei livre quando puder voltar para a minha família* [em um segundo momento, dirá: *'quando puder retornar para o meu vilarejo de Sidi El Badawi'*] *e quando puder perambular pelas ruas árabes, passando entre duas fileiras de homens sentados ao pé da porta, vestida de jeans e rodeada de uma corte de amantes, todos franceses. Então me sentirei libertada, aí sim serei uma árabe livre".*

Esta forma de tratar sua filiação (que não deixa de evocar aqueles que no Bourbonnais,[1] até o final dos anos de 1960, festejavam com entusiasmo a Sexta-feira Santa com grandes banquetes, ou aqueles que durante o Grande Jejum do Kipur marchavam nas sinagogas brandindo grandes sanduíches de presunto e manteiga, cantando os hinos revolucionários em iídiche) a situava à beira da transgressão, quer dizer, no lugar mesmo onde essa transgressão se constitui como um apelo à fidelidade maior. Essa mudança de rumo não se sustenta na indiferença. Bem ao contrário, supõe uma

1 Região da França Central. [N.T.]

paixão nata (como em todos os movimentos passionais) por um impossível de *conceber* e *dizer* o que não pode ser transmitido e a vergonha de apelar para uma herança insuportável. Poderá uma primeira geração (porém, de uma geração à outra, não são sempre os fragmentos da dita "primeira geração" que retornam com mais ou menos força?) realizar impunemente o salto para a diferença quando esta, aliás, se apresenta como portadora da modernidade e da *verdadeira civilidade*, sem que a lealdade para com os antepassados se alinhe com uma atitude transgressora, proporcional à ruptura que essa ultrapassagem provoca? Às vezes, é assim que esta fronteira virtual pode ser atravessada ao preço de uma atitude provocadora que chega até o limite da apostasia, como no caso de Badiya... como foi também o caso dos alemães de fé mosaica[2] que, segundo a palavra de Heine, "compraram um passaporte para a boa sociedade" convertendo-se ao luteranismo.

Nesta mesma via, evocamos esta observação de Hannah Arendt:[3] os convertidos da primeira e frequentemente os da segunda geração se casam entre eles, reproduzindo uma endogamia paradoxal, como se, uma vez que se tenha prestado reverência à conformidade, fosse necessário poder guardar os restos daquilo que se herdou. Isto não revela também que a obrigação de se converter, que estava no princípio deste percurso individual, se não tivesse sido imposta – como na Idade Média – pela coerção, não deixaria de ser a marca de uma violência interna que o sujeito teria exercido sobre si mesmo?

Não surpreende então que esses convertidos se agrupem, reproduzindo um fechamento quase comunitário... a menos que, como Karl Kraus ou Otto Weininger, eles se afundem no ódio por

2 Cf. nota 2 do capítulo "Charlotte ou os efeitos de um silêncio", p. 47. [N.A.]

3 Arendt, H. (1987). *La tradition cachée*. Christian Bourgois Éditeur.

tudo aquilo que se refira ao seu passado e, levados por um desespero negado, retomem por sua própria conta o mais virulento dos discurso antissemitas.

Resta dizer que para Badiya a luta consigo mesma e com os fantasmas ferozes dos antepassados foi longa, difícil e dolorosa. Por um tempo – meses após a morte do avô materno, ela chegou até o ponto do delírio: identificou-se então – tal uma Jano[4] feminina – tanto com Joana d'Arc quanto com a rainha judaico-berbere Al-Kahina,[5] que levou os primeiros habitantes do Magrebe a resistir à invasão árabe-islâmica.

Depois, pouco a pouco, ela consegue se desvencilhar desse extremo no qual se configurava a falha de uma transmissão que a havia mergulhado numa *metamorfose* tão monstruosa como aquela que Kafka havia posto em cena.

Progressivamente, depois desse episódio crepuscular que a mergulhou no abismo do sofrimento, sua divisa se modifica: a partir daí, para existir não precisa mais se mostrar de uma forma escandalosa aos olhos dos anciãos de sua cidade natal. Ela gostaria muito de voltar lá com alguns colegas judeus ou católicos para organizar um grande concerto de música árabe. Durante um tempo, ela imaginou que isso poderia ser uma maneira de reconciliar-se com sua tribo e consigo mesma.

---

4 Deus grego associado a portas (entrada e saída), bem como a transições. Sua face dupla também simboliza o passado e o futuro. [N.T.]

5 Lendária princesa e profetisa berbere. Kahina, de Al-Kahin, significa "a vidente". Pertencia a uma tribo, provavelmente de grupos judaicos, de Jerwa, um dos ramos dos povos zanatas que viviam ao norte da atual Argélia. Distinguiu-se ao assumir a liderança na resistência das tribos berberes contra as tropas árabes no fim do século VII d.C. Por seu protagonismo, é considerada heroína nacional na Argélia, símbolo de resistência berbere, sendo tomada como referência e inspiração por diversas autoras magrebinas. https://www.ufrgs.br/africanas/kahina-seculo-vii/. [N.R.T.]

Depois essa ilusão passa a se tornar obsoleta.

Foi então que ela introduziu várias modificações em sua vida, conheceu um homem – um *francês* (não árabe) –, capaz de não se deixar fascinar por aquela arabidade rebelde da branca-negra (como ela gostava de se definir) que ela havia se tornado. Além do mais, curiosamente, não é que seus amigos passaram a se afastar dela a partir do momento em que a questão sobre suas origens começou a perder força? Banalizada, ela deixou de lhes interessar. Banalizados, eles deixaram de representar para ela o testemunho indispensável de sua loucura.

Mas ela prosseguiria com sua trajetória até o ponto de chegada, até o ponto de ser capaz de se desfazer de seu brasão: poder um dia ir a Sidi El Badawi, com ou sem seus amigos. Sidi El Badawi não era mais aquele jardim das delícias, lugar último de uma dor aguda que a cada instante corria o risco de desaparecer. Ela havia constituído por si mesma as condições necessárias de uma transmissão efetiva, depois de percorrer um longo trajeto que lhe permitiu inscrever-se em uma dupla genealogia que esteve sempre lá, inscrita na sua própria história familiar: por acaso seu pai não tinha sido um militar francês condecorado, graduado e que havia lutado em todas as batalhas durante a Segunda Guerra Mundial? Quaisquer que fossem as racionalizações ideológicas com as quais ela havia se deleitado até então, o fato é que ele havia inscrito seu destino na Europa e tinha articulado sua história singular e familiar nesse continente, ainda que de modo alienado.

Não obstante, o que tinha sido a causa de seu grande sofrimento havia revelado por fim seu segredo, no próprio desconhecimento desse fato: *queriam* lhe transmitir a arabidade pura na incoerência e na negação de um exílio não assumido. Foi-lhe então necessário encontrar, mediante suas transgressões e delírios, a possibilidade de reenlaçar os fios da tapeçaria, de modificar os desenhos, não para se tornar ainda mais fiel a um original que nunca existiu, mas para criar – pois era de fato um verdadeiro ato de criação – uma coerência interna que lhe permitiria por fim – como sujeito – se ligar a uma genealogia.

Gostariam que ela vivesse em um mundo de simulacros, de morabitos libertinos, de imans[6] ignorantes, de falsas lâmpadas cartaginesas, de cacarecos turcos de bazar pintados como se fossem os antigos, o original.

Tudo isso a havia deixado com raiva. Isso não lhe era possível conceber.

Doravante, ela podia dançar as danças tradicionais herdadas de sua mãe e cantar as melodias de sua infância. Definindo-se como uma árabe laica, ela podia ao mesmo tempo confessar aos "barbudos", aos fundamentalistas, um ódio feroz.

Doravante poderia *conceber*.

E concebeu.

* * *

Bem outra, aparentemente, é a história daquela que vou chamar de Rosa M. Nascida na França de pai judeu originário de Mogúncia, Alemanha, e de uma mãe de Anjou, ela cresceu no catolicismo. Seu pai, refugiado na França logo após o incêndio do Reichstag,[7] provinha de famílias alemães de fé mosaica para as quais o colapso da *sua* Alemanha, que havia se tornado uma madrasta debilitada, representava mais que uma catástrofe social ou

---

6 Imam ou imã é o título muçulmano para o sacerdote que dirige as cerimônias na mesquita. [N.R.T.]

7 Em 27 de fevereiro de 1933, o Reichstag (sede do Parlamento alemão), em Berlim, foi queimado. Esse acontecimento é considerado crucial para o estabelecimento da Alemanha nazista. [N.T.]

política: representava um saque das referências que fundavam o próprio ser. Para se *libertar* de seus fantasmas, ele romperia todas as suas amarras. Pouco lhe importava que seus filhos tivessem sido criados na fé militante de sua mãe, pouco lhe importava que seus filhos há muito ignorassem o seu segredo, pouco lhe importava, enfim, que seus netos permanecessem, mais tarde, confinados na ignorância desse percurso. O colapso que havia sofrido tomou proporções tais que nada mais deveria subsistir desse período. Nem a cultura de seus antepassados instalados às margens do Reno por séculos, nem mesmo aquilo que teria possibilitado que ele fosse reconhecido como vítima dos nazistas... ele transmitia não o nada, o vazio, mas o *neutro*.

Não fosse uma paixão que atravessou a vida de Rosa, toda essa história familiar pintada em cores aparentemente banais, de um enorme conformismo, jamais teria sido minimamente abalada. Somente a irrupção do *estrangeiro* no casulo da família que se pretendia pertencente a um conjunto de casulos familiares cautelosamente organizados em um cultivo de bicho-da-seda *made in France* faria eclodir aos poucos um conformismo doce e doloroso nesse universo que havia excluído de seu horizonte todo elemento heterogêneo. Somente uma, uma mulher apaixonada – para seu grande espanto – havia golpeado essa linearidade desesperante. Permanece uma questão: não seria exatamente no lugar de uma falha na transmissão que esta mulher – uma cartógrafa – escolheria, num ponto de virada da sua vida, um homem que não correspondia a nenhum de seus critérios amorosos habituais, suscitando um verdadeiro pequeno cismo em seu meio, para que, enfim, todas as perguntas guardadas até então pudessem ser colocadas pela primeira vez?

Este *estrangeiro* teria chegado ali onde o excesso de conformismo se revelava como puramente formal. No lugar mais frágil, quer dizer, no mais solidamente recoberto por uma couraça, *ele* havia irrompido e possibilitado, mais que um desvelamento, a própria ruptura do véu, tornando enfim possível que se colocasse, no cerne desse meio, o que até então tinha sido recoberto pudicamente por uma capa de silêncio.

Não seria o estrangeiro um passador de culturas que vem dar sentido ao insensato de uma tradição morta e de uma banalização impossível?

6. Do *bled* ao Bled... a história reconstituída

Às vezes é o exilado que encontra em si mesmo, no encontro com um outro, esse passador que lhe permite abordar a *terra incógnita* do lugar de nascimento. Este foi o caso de Najib, um jovem filósofo, professor de um liceu do subúrbio de Rouen (França), nascido em uma família de funcionários públicos residente em uma cidade-dormitório da região de Charleville-Mézières, onde cresceu e estudou, embora com muita dificuldade no início, conseguiu – ao contrário dos irmãos – fazer um ensino secundário particularmente brilhante.

No entanto, algo o perturba profundamente: está persuadido de que seu êxito é um engodo, uma mentira. Que tudo nele é atingido por uma profunda ilegitimidade. Ilegítimo é o seu casamento com uma francesa – nativa – como se compraz em dizer, pensando que, na língua francesa, "nativo" designa sempre as pessoas de seu povo... Ilegítima é sua situação universitária e ilegítimo, acima de tudo, é seu desejo de se tornar pai.

Quando esse sentimento o invade ele fica furioso. Ele grita, insulta, encontra em *francês* a brutalidade de seu pai, um patriarca severo que não transmitiu de sua cultura nada além de injúrias, interditos, e ainda a exigência absoluta de continuar a viver "como em seu país natal"; seu pai nunca cessou de demandar formas exteriores de respeito (nenhum de seus filhos podia lhe dirigir a palavra fitando seu rosto, deviam cumprimentá-lo beijando-lhe a mão, devia-se enfim viver na mentira e ocultando – mesmo que se tratasse de um segredo que todos conheciam – as alianças "mistas" que Najib e os irmãos fizeram com os franceses).

Esse patriarca, antigo militante do Movimento Nacional Argelino, funciona por decretos sucessivos: ele transmitiu da sua cultura apenas a ferocidade e seu amor pelo país natal. Deseja mais do que tudo que seus filhos morem lá, ainda que ele continue a viver na França... Dois de seus filhos cederam a esse desejo, eles passaram por inúmeros sofrimentos.

É assim que Najib se apresenta durante a sua primeira sessão de análise, que parece ter que ser pautada pelo signo do desamparo e da culpa. Por vários meses ele tentará esclarecer suas contradições... chega até a considerar – por não ter recebido aquilo que lhe teria permitido viver sua particularidade em harmonia com seu atual modo de vida – deixar tudo para trás, romper as amarras e ir viver uma vida de pastor tal como os avós, na louca esperança de reencontrar aquilo que poderia dar sentido a esse semblante de cultura que ele havia recebido, dar sentido também às exigências paternas ditadas em nome das crenças *mais sagradas*, para tentar assim se desfazer do sentimento lancinante de traição que o ocupa inteiramente.

Até o dia em que, de repente, em uma sessão, uma recordação, um desses eventos mínimos que se alojam na vida de um pequeno aluno, vem à superfície:

"Um dia, disse, *minha professora perguntou se eu tinha meu Bled. Eu fiquei surpreendido, um pouco chocado e muito surpreso*

de ouvi-la falar em árabe. Nesse clima de inquietante estrangeiridade em que me vi bruscamente tragado, me escutei respondendo que jamais o havia perdido, já que eu havia nascido em Charleville, e nunca havia saído dali... a turma explodiu em riso após minha declaração. Meus colegas se contorciam de rir e eu me senti um completo idiota. Eu me tornei em poucos segundos na imagem de um imbecil, do cretino que eu era para o meu pai. Mas nesse momento tive a sorte inesperada de minha professora ter se aproveitado da minha resposta falha para me dizer que meu *bled* era o Bled[1]... *Fui tomado assim por um sentimento de bem-estar que jamais experimentara até então."*

Na sessão seguinte, ele me contou que aquela rememoração o havia tocado profundamente. Ao fim e ao cabo, ele podia morar na França sem nada trair de suas origens ou da sua história. Ele havia, no contexto mesmo de sua análise, recomposto essa ideia que sustentara, a qual havia esquecido, mas nunca realmente perdido, de que não somente seu *bled* existia na língua francesa, que havia se tornado a sua língua, mas que, além disso, não poderia abordar essa terra natal tão amedrontadora, tão misteriosa, tão inconsequente quanto a cólera de seu pai e as esquivas de sua mãe, a não ser por meio desta obra fundadora da língua francesa: o Bled.

Essas reflexões apaziguadoras o levaram a constatar, pouco a pouco: seu pai não lhe transmitira nada além do desejo feroz de escapar dessa violência. Porém, ao mesmo tempo, essa violência da guerra da Argélia, as lutas fratricidas entre o FLN e o MNA[2]

1 Bled é o nome do editor de um célebre livro de gramática, ortografia e conjugação da língua francesa que formou um grande número de crianças na escola primária até os anos de 1960. *Bled* é também uma palavra de origem árabe-magrebina falada na África do Norte e que significa "aldeia", "local de origem". [N.T.]

2 A FLN (Frente de Libertação Nacional) e o MNA (Movimento Nacional Argelino), a primeira com base na Argélia e a segunda em território francês, são

às quais seu pai havia pago um pesado tributo, essa violência dos patriarcas decaídos que ele havia recebido de herança lhe haviam permitido, ao menos uma vez, dar a uma palavra de sua primeira língua falada – *bled* – o valor de uma chave que lhe permitiria o acesso à cultura do país de exílio do seu pai, do país que havia se tornado o seu.

O sentimento de ilegitimidade pôde então, pouco a pouco, começar a se atenuar, não no abrandamento daquilo que lhe acontecera, mas no sentimento de que a transmissão pela via paterna de uma cultura totalmente desprestigiada encontrara um sentido sem que ele soubesse.

Tal transmissão, ele poderia alcançá-la ao se colocar à margem de uma palavra contundente. Podia tecer por conta própria uma história, uma cultura que lhe havia sido ocultada por um pai destronado e todo-poderoso, vítima e carrasco, odiado e amado apaixonadamente ao mesmo tempo. É na condição de *filho* que podia autorizar-se, a partir de uma palavra, uma só palavra, a redimir – reparar – os emblemas de um pai que havia sempre escolhido o campo da *ilegitimidade*, quer dizer, aquele do vencido,[3] para poder enfim, no aqui e agora de um país que tinha sido uma terra de exílio para seus pais, desfazer-se de uma memória plena de ressentimento e amargura para encontrar seu lugar: não o de uma criança confundida no exílio parental, mas de uma criança para quem finalmente era possível pensar que sua ultrapassagem de uma linha imaginária, longe de ser uma deserção, representava

---

organizações independentistas argelinas que empreenderam entre si combates sangrentos durante os anos da Guerra de Independência da Argélia. [N.T.]

3 Para a FLN, o MNA era ilegítimo e traidor. Ao longo de uma guerra fratricida, o MNA foi vencido. Alguns de seus militantes – como o pai de Najib – se retiraram da luta, outros se tornaram... *harkis*. [N.A.]
Harki: indivíduo que participava, na Argélia, de uma formação paramilitar. [N.R.T.]

o fim de um percurso que seus pais haviam começado muito antes de seu nascimento.

Finalmente pôde perceber que tinha de confrontar-se com a história singular, familiar de cada um de seus progenitores em ressonância com a História conflituosa de um país atravessado por uma dupla guerra civil.

Poder distinguir um elemento do outro tornou enfim audível a transmissão de uma história, de uma cultura suscetível de se liberar da violência e da exclusão que a neurose familiar pesava com suas tintas.

Introduzir por meio de um jogo de palavras essa diferença podia também fazer parte da *transmissão*, aquela que ele pôde reconstituir em nome próprio para tornar audível sua própria história.

Pois, no final das contas, a *transmissão* seria esse tesouro que cada um constitui para si a partir dos elementos ofertados pelos pais, pelo entorno, e que, remodelados por encontros fortuitos e acontecimentos que passaram despercebidos, se articulam ao longo dos anos com a vida cotidiana para realizar sua função principal, a de ser fundadora do sujeito e para o sujeito.

Vamos desenvolver tal proposição: o sujeito não é simplesmente um outro termo para dizer "humano" ou "indivíduo". O sujeito – ao menos para os psicanalistas – é representado mesmo em seus fantasmas *inconscientes* pelos elementos culturais[4] que a língua carrega.

Cada um, no mais íntimo de si mesmo, organiza a língua comum – aquela que permite que possamos nos entender – em torno

4 Lacan se refere aos significantes que representam o sujeito para a cultura. [N.A.]

de alguns dos elementos linguageiros e culturais marcados por uma história singular. Estes elementos são próprios a cada um dentre nós e operam na língua comum, a ponto de lhe dar seu estilo.

Uma imagem – trivial – daria conta dessa proposição. Nada mais simples do que preparar um bife *bourguignon*. Os elementos desse prato estão à disposição de todos. No entanto, não existem dois pratos que resultem iguais. Cada família dá seu estilo a essa iguaria – banal e incomparável –; um modo de cozimento, um ingrediente acrescentado em tal momento do preparo fazem toda a diferença. E, no entanto, o prato será sempre chamado por todos de "bife *bourguignon*". Mas todos sabem que o gosto de um bife *bourguignon* jamais será igual, inteiramente igual, ao de outros. Há um segredo que, mesmo inteiramente revelado, deixará uma margem de incerteza que constituirá a pequena diferença tão cara aos *gourmets* dessa família. Porém, às vezes, um dos descendentes adicionará sem saber, por acaso, ou às vezes por curiosidade, um novo ingrediente ou um outro modo de cozimento. Será sempre a mesma receita, mas um pequeno deslizamento modificará este prato cujo segredo piedosamente recolhido será, por sua vez, retransmitido em uma forma nova, ou às vezes, por esquecimento ou desinteresse, sob a forma antiga. Este conjunto seguirá sua trajetória e cada um dos membros desta família que se arriscar nesta proeza culinária continuará, pelo menos por meio deste alimento, se vinculando a esse ancestral que um dia, tendo realizado com êxito um prato, se "deu por missão" reproduzi-lo reiteradamente e transmitir os segredo de sua composição.

É suficiente, portanto, que alguns elementos culturais – tão consistentes quanto um perfume, um gosto ou uma ilusão religiosa – atravessem a história de um *sujeito* para que o representem. Esses elementos podem certamente fazer parte da *representação*, do espetáculo. Podem também, como um ministro plenipotenciário, que representa sozinho o conjunto dos habitantes de um país – quem atentar contra este personagem insultará a nação inteira da qual ele é o embaixador –, representar o sujeito até *suas últimas gotas de sangue.*

Em outras palavras, esses elementos singulares da língua, por mais *discretos* que sejam, formam o essencial de uma textura. São esses fios vermelhos que atravessam uma vestimenta branca de linho e cuja disposição especifica um tecido a ponto de dar-lhe um nome.

Basta que esses termos e as imagens associadas a eles não sejam negados para que possam adentrar, a título de elementos heterogêneos, e fazer parte da cultura conferindo-lhe seu estilo. Podemos então lançar a hipótese de que aquilo que dá testemunho de uma transmissão não se reduz às imagens dos fantasmas vestindo trajes folclóricos ou fazendo uso, bem ou mal, do dialeto ancestral.

A partir do momento em que o termo *bled* é reconhecido como um elemento da língua primeira que vem articular-se à língua comum (o Bled caro aos professores), não para que um acoberte o outro, não para que um elimine o outro, mas para constituir uma simultaneidade fundadora, para que o indecidível que levava Najib, em seus momentos de perturbação, a oscilar entre a ilegitimidade de se intitular francês e a violência paterna que ele considerava uma característica do árabe que não conseguia ser e que gostaria de tornar-se, pudesse se dissipar.

Portanto, a transmissão pôde se sustentar a partir da passagem do *bled* ao Bled. Apesar de realizar-se em um tempo virtual, o da travessia de uma passagem,[5] não deixa de ser essencial na existência do sujeito.

5 No original: *traversée d'une passe.*

O notável nesta história é que o efeito dessa transmissão só pôde ser reconhecido após a intervenção de um terceiro, a qual não se deu de forma solene. Permaneceu adormecida, como que à disposição do sujeito. Outros elementos provavelmente poderiam ter desempenhado esse papel. Mas foi esse que o sujeito rememorou no preciso momento em que um desânimo extremo o impulsionou a regressar ao seu *bled*.

Pode-se dizer também que se a transmissão é um momento de atravessamento de um passe, este não pode ser previamente designado, e o que se pode impor como um rito de passagem pode ser tão banal quanto um diálogo – um pouco buñueliano –[6] que emerge a partir de um mal-entendido, em uma escola primária de algum bairro da classe trabalhadora. Além disso, esse rito de passagem pode ser reduzido ao que é na realidade: uma montagem, um palco – como se diz no teatro – que permite sustentar estes instantes tanto mais essenciais quando passam despercebidos.

Ao contrário dos ritos de passagem codificados pelo social, esses tempos, como dissemos, não podem ser programados de antemão. São formados por uma série de pequenos acontecimentos que, segundo seu modo de infiltração na história do sujeito, são frequentemente revelados no *après-coup* como um conjunto que se constitui em uma transmissão.

Isto também supõe, todavia – voltemos aqui à nossa metáfora culinária –, que ninguém diga "não és digno de receber de mim esta receita de culinária", não mais do que "em todo caso, não és capaz de fazê-lo", ou, menos ainda, "estarei sempre aí para preparar-te este prato", ou, pior ainda, "bah... de que adianta te transmitir isto, é apenas um prato tosco e banal"... marcas de uma terrível

6 Referência a Luis Buñuel (1900-1983), diretor de cinema espanhol participante do movimento surrealista. [N.T.]

indiferença que pode ser tão opressora quanto a obrigação de sempre reproduzir o mesmo na esperança vã de produzir clones.

Devemos, portanto, entender aqui a transmissão como uma oferta por parte dos pais, dos professores, de certos elementos que cada um dos membros de uma descendência recebe na infância, os quais ele recompõe à sua maneira e que, sem dúvida, estarão sujeitos, por sua vez, a modificações ulteriores.

A garantia de que o atravessamento desse passe foi efetivo se encontra neste pequeno deslocamento: isso se chama subjetivar – "individualizar" – uma herança a fim de poder reconhecê-la como própria.

7. Abandonar para encontrar

A transmissão de alguns elementos culturais fundadores depende, como vimos no caso de Najib, da travessia de um passe: essa proposição nos leva a colocar em cena o processo que se desenvolve por toques sucessivos e organizados em torno de alguns momentos importantes. Supõem-se que esses tempos, constitutivos dos ritos de passagem, marquem os protagonistas do drama. Ou seja – vale ressaltar –, essa troca de palavras e insígnias não diz respeito só à criança, mas a todo o seu entorno.

Em geral convém considerar – sobretudo em nossas latitudes – que esses ritos são de essência religiosa (batismo, comunhão, casamento, funerais). Podemos mesmo dizer que o religioso se constitui ao redor e a partir desses instantes nos quais a transmissão é posta em ato. Existem, no entanto, outros atos da vida cotidiana que a sociedade civil, que a cultura, pode introduzir e que se inserem nessa função.

Esse é o caso da transmissão, há muito negligenciada, mas que é específica da cultura operária. Quando os jovens habitantes das populações de mineiros do Norte desciam pela primeira vez à mina, uma festa acompanhada de grandes oferendas consagrava esta admissão no mundo dos mineiros. Um rito de passagem tão forte quanto o religioso, um rito de passagem que um grupo social – o proletariado – havia literalmente inventado para acolher um dos seus em seu meio.

Esses ritos que consagram a admissão de uma criança em um mundo privilegiado se sustentam em um duplo ideal: existe uma aristocracia proletária, e essa classe é portadora da história de uma humanidade sofrida, da mesma maneira que outros grupos portadores de crenças pregam o bem universal ou mesmo o advento de tempos messiânicos.

Há evidências: o MOI (Mão de Obra Imigrante, movimento criado pelo Partido Comunista às vésperas da Segunda Guerra Mundial e que desempenhou um papel primordial na guerrilha urbana e na Resistência em Paris, Toulouse, Lyon...), os setores estrangeiros dos partidos operários até os anos de 1950 (setor espanhol, italiano, armênio, judeu e magrebino...) serviram de câmara de descompressão, como termo de passagem entre a cultura de origem – evidentemente em sua dimensão laica – e aquela do país de acolhimento. A dissolução dessas organizações não deixou de contribuir para um duplo movimento: a desconfiança (se não a rejeição) de uma parte da classe proletária frente aos estrangeiros; a retirada dos imigrantes e a constituição de guetos (de fato, se não de direito) dentro dos quais os últimos se fecharam.

Não estarão os efeitos do declínio e do quase desaparecimento do movimento comunista a atuar na esfera social, a tal ponto que o retorno à barbárie, à etnicidade – e aos seus rituais – volte a estar na ordem do dia?

Evocar esta regressão nos permite colocar em evidência uma constatação geralmente desconsiderada: não existe transmissão da cultura que possa ser considerada definitiva. Golding,[1] na obra *Senhor das moscas*, mostrou-o bem: um grupo de crianças em idade escolar, jovens estudantes de uma grande escola britânica, arremessado por uma tempestade em uma ilha deserta, retorna muito rapidamente ao tribalismo, à criação de caciques e ao canibalismo. Para além dessa extrema ultrapassagem de um limite posta em cena nessa narrativa filosófica, é possível facilmente constatar como toda sociedade, no tempo de sua fundação, cria constantemente ritos e o quanto estes são importantes para fundar a coesão de um grupo, para a criação de uma textura – ou de um texto – suscetível de fundar o laço social e a genealogia. Que estes ritos pouco se modifiquem ao longo dos séculos é evidente. O fato de as regressões poderem ocorrer a ponto de reinventar os ritos mais antigos é uma indicação clara do risco que todas as sociedades correm quando as forças de desenlace social operam de tal modo que abrem uma hiância mortífera e um profundo esgarçamento na cultura.

Evidentemente, para o sujeito, tais rupturas produzem efeitos que podem representar um abismo que o tome de surpresa e paralise o curso de sua existência profissional ou afetiva.

Um fragmento clínico ajudará a ilustrar minha proposta.

Filho de imigrantes espanhóis, François guarda de seu pai a lembrança de um homem bruto, esmagado por tarefas materiais, e que se assemelhava a um irmão do operário ideal recém-saído das páginas do livro *La vie tragique des travailleurs*,[2] dos irmãos Léon e Maurice Bonnef.[3] O único contato que François teve com seu pai

---

1 Golding, W. (2021). *Senhor das moscas*. Alfaguara.

2 Bonneff, L., & Bonneff, M. (1990). *La vie tragique des travailleurs: enquêtes sur la condition économique et morale des ouvriers et ouvrières d'industrie*. Editions De L'atelier.

3 O material organizado pelos irmãos Léon e Maurice Bonnef, mortos na Primeira Guerra Mundial, foi publicado a partir de 1908 no jornal *L'Humanité* e

data de seus 14 anos: tinha acabado de concluir os estudos e no dia seguinte "deveria estar empregado" em um estaleiro naval. Seu pai também o levaria para beber um "trago"[4] a fim de festejar o evento.

Aos 18 anos, François deixa o domicílio familiar para entrar na Marinha. Segunda e última lembrança do pai: o barco no qual ingressou está no cais, seu pai, um velho "anarco",[5] grita: "adeus filho!". Ele não irá mais revê-lo.

No início de sua análise, ele evoca a seguinte lembrança da infância: Brest, sua cidade natal está sob bombardeio. Ele desce com a família ao porão do imóvel. Seu pai lhe parece ausente. Para protegê-lo, sua mãe e sua irmã o seguram entre elas. A casa desmorona. Sua família será a única sobrevivente desse bombardeio. Porém, no romance familiar, essa colocação em cena de uma proteção coletiva teve uma importância considerável.

Ele deve muito bem ter escutado que esse "sanduíche" – a palavra é dele – entre duas mulheres se devia a um episódio histórico que vai muito além da sua pessoa e que desencadeou inumeráveis destruições, 40 milhões de mortos, sangue, cadáveres, ruínas, o horror, o insuportável. *Ele* deve muito bem ter escutado milhares de palavras sobre essa guerra que poderiam, ao menos um pouco, ter dialetizado esse episódio de sua existência; porém nada disso se inscreveu: *ele* sobreviveu para melhor trair as convicções de seu pai.

A partir da sequência analítica na qual essa lembrança foi evocada e o sentimento amargo de traição que a envolvia, ele tentará *se soltar* de uma situação complexa, finalizar a sua condição de

---

reúne fotos e 250 artigos que testemunham a dura vida dos operários franceses entre 1908 e 1914. [N.T.]

4 No original: "*canon de blanc*", expressão do início do século XX que designa um copo de vinho bebido de um só gole. [N.T.]

5 No original: "*anar*", abreviação de anarquista. [N.T.]

operário para se tornar professor primário, depois psicólogo, casar-se e "instalar-se", como dizia, "na existência".

Alguns anos mais tarde, François ocupa um cargo importante em uma instituição hospitalar, casa-se com uma colega e se prepara para adotar um menino. Ele tem tudo para se sentir feliz, diz ele, a não ser pelo fato de que... sua vida é repartida entre duas mulheres, e nenhuma delas pode lhe dar um filho.

Sente-se sufocado, porém esta parece ser a condição mesma de sua sobrevivência.

Chegando ao fim de seu percurso, tendo queimado todas as suas pontes, ele irá recomeçar, passo a passo, a fazer o luto do seu sofrimento, a partir da transmissão de seu sobrenome (ele pôde enfim se tornar pai!) e o luto de seu pai – que havia permanecido em suspensão até aquele momento. Percurso que levaria François a formular a pergunta que o assombrara durante todos estes anos: o sentimento de traição por ter mudado sua condição social. Tendo enfim efetuado o seu luto e transmitido o sobrenome de seu pai, tornou-se possível poder contar ao filho a história da vida militante do avô e se permitir estudar com ele e para ele a epopeia de Durutti, da comuna de Barcelona ou da revolta de Oviedo, da qual "seu velho" havia participado.

Em suma, François se deparou, em duas ocasiões, com esse tempo no qual seu pai lhe havia transmitido elementos dessa cultura operária que o inseriu em uma genealogia, nas referências que lhe permitiram aceder a uma identificação paterna então recoberta pelo desaparecimento de seu pai, morto cedo demais para assistir a ascensão social de seu filho. Essa morte o havia privado de toda transmissão. Subsistiram apenas esses dois episódios que ele havia considerado até então como puramente anedóticos, se não fúteis.

Que essas lembranças tenham tomado o valor de ritos de passagem, que tenham consagrado a admissão de François no mundo do trabalho, por um lado, e na sua nova cidadania, por outro, que elas tenham sido reconhecidas como tais, permitiu a François fazer a pergunta que restara velada por um silêncio pesado: em que ele havia traído a sua classe? Em que ele havia traído as convicções de seu pai, membro de um sindicato anarquista, a CNT?[6]

Não é esse sentimento de traição que literalmente o colocou no papel de filho ainda não liberado da primeira infância? Não é essa posição que bloqueou a possibilidade de ser pai?

Não é essa dificuldade de transmissão – de receber uma transmissão e reconhecê-la – que impede a perpetuação de uma genealogia? Não é isso que provoca em certos filhos de exilados, em certos filhos de deportados, como que um impedimento para procriar?

Estas dificuldades, estes tempos de latência, esta espera, esta impossibilidade de conceber, não revelam um silêncio imenso situado no lugar de uma história impossível de transmitir, impossível de ser escutada, impossível de ser compreendida?

---

6 Confederação Nacional do Trabalho, confederação sindical francesa do tipo sindicalista revolucionária e anarco-sindicalista. [N.T.]

8. Construir uma transmissão

Em poucas palavras, se transmitir uma tradição, uma história, se apresenta como uma construção, é bem porque o desejo de assegurar uma continuidade na sucessão das gerações se apresenta como uma necessidade interna. No entanto, o acolhimento desta palavra e dos atos que veiculam essa herança não representa de forma nenhuma *para a criança* uma manifestação de passividade, mas um *ato* de reconhecimento para com aquele que transmite.

Que uma ilusão preside o desejo parental de preservar uma tradição, uma história familiar, disso não há dúvida: *poderei continuar a viver nos atos primordiais de minha descendência, quando cantarem será ainda eu que cantarei, quando comerem este ou aquele alimento nesta ou naquela ocasião, eu estarei no seu alimento, eu serei seu alimento e dele me alimentarei, nos momentos de tristeza ou de júbilo eles encontrarão as palavras, os fragmentos de interjeições que eu costumava usar, eu estarei ainda por lá...*

Muito provavelmente, essa seria a frase inconfessa que um pai, uma mãe, um pároco, um parente próximo, poderia enunciar no mais íntimo de seu ser sem jamais conseguir formulá-la. Uma maneira, como qualquer outra de dizer *não se esqueça de mim*, ali onde um *não se esqueça* um tanto alienante – senão arrasador – é o mais frequentemente decretado.

Este apelo à fidelidade aos antigos emblemas seria, nestas condições, a expressão do desejo desesperado que se repete imutavelmente no presente que, desligado do espaço-tempo que o produziu, se encontra ilusoriamente projetado, do mesmo modo, no futuro.

Transmitir, porém, é também um ato simbólico, como quando *transmito meu nome à minha descendência, isto é, quando inscrevo aqueles que virão depois de mim em uma sucessão significante. Não importa o que eu fizer, não importa o que fizerem, esse nome é deles e na dispersão genealógica que implica a descendência, poderão – ainda que por poucos instantes – se reconhecer como parte desse conjunto do qual eu mesmo sou o herdeiro, o representante e o passador...*

No entanto, temos insistido, a transmissão de uma cultura, de uma geração à outra, não poderia ser reduzida à criação de um pertencimento.

Existe algo mais ridículo ou mais insuportável do que encontrar clones que, como sombras, imitam com a maior seriedade seus pais ou ancestrais?

Haverá algo mais grotesco do que escutar os bajuladores de pensamento medíocre falarem ou escreverem como Barthes, como Lacan, como Bataille ou como Leiris, por falta de encontrarem um estilo próprio?

Esse mimetismo procede de uma traição.

Há, porém, um tempo em que a adesão a uma doutrina, a um discurso, ou a uma cultura, passa pelo sentimento de pertencimento a uma escola, a um grupo, a um mestre.

Não obstante, o tão proclamado pertencimento a uma linhagem, a uma cultura, a uma etnia, a uma apropriação de saber (que de vez em quando pode se revelar como um *saber-fazer*), é um trajeto cuja importância não podemos dissimular. No entanto, nesse processo no qual a referência ao grupo parece predominar, é para cada um desses que compõem tais grupos, um a um, que o anseio de transmitir é posto em jogo. Por que será que isso se torna tão importante, se não devido ao fato de que essa perpetuação do antigo, essa *aparente* repetição, faz parte da própria existência do sujeito?... De fato, cada um de nós está *inconscientemente* confrontado – sem sabê-lo –, ou seja, na constante ignorância daquilo que está em jogo em sua origem, com a tendência a repetir. Esta parte inerte que nos aprisiona no eterno retorno do mesmo aos mesmos lugares é o que nos impede de criar, de inventar, de fazer nossas próprias jornadas, de nos reconhecermos como sujeitos desejantes. É o piano que aprisiona os tornozelos da heroína do filme *O piano*[1] e que a joga nas profundezas abissais, onde ela poderá tocar a mesma melodia por toda a eternidade. É a memória que impede de esquecer e que, como ressalta Tzvetan Todorov,[2] "provoca uma vingança sem fim que jamais poderá interromper um novo Romeu e uma nova Julieta". É a tentação de ler todo acontecimento atual à luz de um acontecimento inaudito, não com o objetivo de criar novas tomadas de consciência política, novas leituras do que ocorre cotidianamente, mas para voltar de novo e de novo ao inaudito (como a destruição do judaísmo europeu, por exemplo), para erguer monumentos imperecíveis à destruição, para que isso seja o ponto de partida e de chegada – em uma circularidade trágica – do único acontecimento que realmente conta, não para uma,

1 Jane Campion (Diretora), *The piano*, 1993.

2 Todorov, T. (1993, jul.). La mémoire et ses abus. *Esprit*, (7). (*Le poids de la mémoire*). Posteriormente lançado em formato de livro: Todorov, T. (2004). *Les abus de la mémoire*. Arléa. [N.R.T.]

duas ou três gerações, mas para que perdure como uma estátua de bronze por toda a eternidade. Uma forma como qualquer outra de expulsar esse trágico acontecimento da história da humanidade e de o transformar em um fato único como seria o "ato de criação do mundo", numa fixação dramática a um passado que estaria perpetuamente presente.

Esta é a parte da repetição que opera em cada um de nós e na sociedade.

Existe, no entanto, outra forma de repetição, fecunda, que é parte disto que chamamos a cultura, *fatos de cultura*, e que assegura a continuidade. Os etnólogos, os historiadores, os sociólogos, os psicanalistas, estão de acordo ao dizê-lo: esta persistência dos fatos de cultura que procedem do laço social nos inscreve em uma continuidade e nos assegura de certa forma que não estamos a cada geração confrontados com algo novo que estaria desconectado do que veio antes. Com efeito, é à luz do antigo que podemos reconhecer e afrontar a descontinuidade.

Porque, no final das contas, eu não posso entrar em contato com o novo que se apresenta a mim senão na medida em que me é possível reconhecer nele uma parte de familiaridade. É a partir da herança que me foi transmitida que posso, ao superá-la, participar de situações novas que a priori *me seriam estrangeiras.*

Freud[3] no ensaio "Além do princípio do prazer",[4] dá um exemplo disto que suscita a irrupção do estrangeiro radical ao se referir

3 A tradução à qual se faz referência é a publicada pelo Departamento de Psicanálise do Centro Universitário Experimental de Vincennes, com a autorização dos tradutores J. Laplanche e J.-B. Pontalis. [N.A.]

4 Em relação ao trecho transcrito, em consulta a duas edições da obra de Freud em português – seja a versão da Imago, seja a versão da Companhia das Letras, cuja tradução procede diretamente do alemão –, não encontramos nenhum parágrafo que corresponda ao trecho citado pelo autor. É muito provável que

ao que distingue o medo e a angústia do pavor. Tentemos entender o que está em jogo na irrupção do terrorífico:

> *Suponhamos que você seja confrontado com um perigo qualquer, você tem medo. Mesmo que até o momento você jamais tenha estado em um fuzilamento, você sabe o que é um fuzil, imagina as consequências de um tiro, é razoável que você tenha medo, é de certa forma necessário para que possa sobreviver e eventualmente vencer. Você pode também saber que irá enfrentar um perigo cujos limites não estão bem definidos. Você se prepara suscitando um objeto – a angústia – que permitirá enfrentar os riscos envolvidos. Este efeito será, enfim, uma maneira mais ou menos adaptada de localizar-se à espera de um perigo de contornos mal definidos. Suponhamos agora que você esteja passando por um matagal ressecado e, de repente, em uma curva de estrada, você se depare com uma flor de grande beleza; suponhamos agora que você esteja passeando em Nova York e, de repente, entre as ruas 18ª e 21ª, em vez do Gramercy Park, você se encontre lançado em uma paisagem desértica que não é particularmente perturbadora, mas que surge de forma incongruente no meio do espaço urbano; suponhamos que você desembarque em uma pequena estação provincial que se encontra rodeada de guaritas, de guardas armados... lá onde se esperava encontrar um bom funcionário das estradas ferroviárias sentado na sua guarita... Em todas essas*

os tradutores franceses (J. Laplanche e J-B. Pontalis) tenham utilizado um manuscrito anterior à edição definitiva, pois sabemos que esse texto passou por inúmeras modificações. Por essa razão, o mantivemos da forma como o autor o cita. [N.R.T.]

> *situações, nada o havia preparado para tais encontros que não podem provocar senão pavor, paralisia, sideração ou mesmo uma fascinação mortal.*

Minha hipótese seria, portanto, a seguinte: uma parte da pulsão de repetição, a que consiste na insistência dos fatos de cultura – e aqui o termo cultura assume a acepção ampla de civilizações, não o de *civilidade* –, está a serviço das pulsões de vida para ajudar o sujeito a abordar a emergência de algo novo fenomenalmente perturbador, porque é radicalmente, absolutamente, totalmente estrangeiro. Porém, não existe o inaugural, como assinala Lacan,[5] senão na conjunção entre o que insiste e o que se apresenta como novo: esta hipótese exclui o original, o *no princípio* na ordem da subjetividade e do social. Da mesma forma, todo ato fundador supõe que haja sempre transmissão – ainda que seja evanescente – na ordem da subjetividade humana.

Entretanto, quanto mais a transmissão leva em conta a situação nova, menos será uma pura e simples transposição do passado e mais poderá inscrever o sujeito em uma genealogia de vivos capazes de realizar, não um percurso circular em torno de um enclave petrificado, mas um percurso suscetível de criar um campo difluente, um delta em que se articulam as culturas heterogêneas que se vivificam mutuamente.

Em resumo, transmitir implica oferecer às gerações que nos sucedem um *saber-viver*, termo que devemos tomar em sua acepção mais forte.

Por conseguinte, o acolhimento pela criança dessa transmissão, desses fatos da cultura – desde a arte de praticar um corte de

---

5 Referência aos termos *tiquê* e *autômaton*, apresentados e articulados, por Lacan, em referência à repetição, no seminário 11 (Lacan, 1964/2008). [N.R.T]

carne ou a caça ao galo-lira, até o reconhecimento de uma parte de sua história em uma cantiga, como o seria uma canção de ninar há muito esquecida, nas inflexões de um canto eslavo ou de uma melodia de um rito que se tornou obsoleto, nas sonoridades de uma língua agonizante –, supõe que um trabalho de identificação tenha sido colocado em ação. Não no sentido de uma tentativa desesperada de criar uma identidade-decalque entre os precedentes e os descendentes, senão como um discurso que seria trabalhado – clandestinamente, como em *contrabando* – a partir daquilo que é ofertado como herança.

Porém, da mesma maneira que não há herança sem uma parte de perda, não há transmissão de cultura (a não ser em comunidades fechadas sobre si mesmas, quer sejam rurais, montanhosas ou guetos) que não conheça essa perda, essa parte esquecida que comanda a memória, que a molda e que permite também que, a partir da repetição, em sua própria evanescência, a modernidade – a diferença – seja acolhida.

E se aderimos à proposição de Herder de que "a diferenciação real dos homens é mais importante que sua igualdade específica",[6] podemos então afirmar que é bem mais da diferenciação do que da especificidade o de que se trata na transmissão como a entendemos, isto é, aquela que nos permite apreender plenamente o que me diferencia daqueles cujos ancestrais possuem uma história similar à dos meus, mas que também me diferencia daqueles cuja genealogia é diferente e entre os quais transcorre minha vida. Logo, devo viver não como um falso clone, não como uma peça dita incongruente e sempre suscetível de se tornar terrorífica, mas como um elemento entre outros cujas modalidades de diferenciação são subjetivamente levadas em conta.

---

6 Arendt, H. (1987). *La tradition cachée*. Christian Bourgois Éditeur.

É precisamente isso que permite constituir uma narrativa audível por outros.

Uma história hassídica[7] conta que, durante gerações, em uma determinada aldeia, havia pessoas que conheciam o conteúdo manifesto e o conteúdo latente – esotérico – dos textos sagrados;

- depois vieram as gerações que só conheciam o sentido imediatamente legível;
- depois vieram as gerações que sabiam ler os textos, porém sem entender o que liam;
- depois veio uma geração que só conhecia a melodia que acompanhava essas leituras, mas que não sabia nem mesmo decifrar o estranho alfabeto que traçava seus contornos;
- depois veio uma geração que só podia dizer "neste local houve doutores da Lei e místicos...".

Assim termina esta história geralmente contada em iídiche, mas que poderia igualmente ser narrada em persa ou em armênio, ou em berbere ou em espanhol.

Hoje podemos acrescentar – em francês – uma última estrofe:

- depois veio um tempo no qual esta história foi contada e constituía a herança daqueles que nunca haviam visto, nem conhecido esse lugar e que nem sequer entendiam a língua na qual ela foi contada pela primeira vez.

---

7 O judaísmo chassídico ou judaísmo hassídico (do hebraico, "piedosos" ou "devotos") é um movimento surgido no interior do judaísmo ortodoxo que promove a espiritualidade através da popularização e internalização do misticismo judaico como um aspecto fundamental da fé. [N.R.T.]

No entanto, esse relato não implica que, nas condições mesmas de sua emergência, a especificidade já havia se ausentado em benefício da diferença?

E, além disso, existe uma mínima possibilidade de escrever uma narrativa, uma história, sem que essa ausência mesma não seja colocada em ato? É pouco provável.

Suponhamos, no entanto, que a narrativa se perca, que não exista nenhuma possibilidade de que encontre um espaço de escritura ou inscrição, que, por exemplo, o Estado determine a interdição da transmissão. Ocorre então que essa sutil dialética da memória e do esquecimento desmorona, e a história inteira fica marcada pela negação ou pela foraclusão por uma ou mais gerações. A história dos regimes stalinistas e seu espetacular e inesperado colapso abriu espaço para um terror cuja resolução se vê negociada hoje pelo retorno contundente de sentimentos de pertencimento étnico ou religioso, no qual os papas, os mulás, os rabinos, os cantores mais antigos do nacionalismo que há muito acreditávamos desaparecidos andam soltos, no qual as tendências centrífugas em nome da pureza e da *especificidade étnica* se aproveitam da diferença para melhor negá-la, para melhor recompor o discurso de *apartheid* em que a perversão do termo *diferença* – que supõe que o heterogêneo seja suportado – transforma a Cidade em uma série de fortalezas sitiadas e o cidadão em defensor de uma pureza originária mais próxima da mitologia do que da História.

Tal é o preço pago por decênios de proibição da transmissão.

Em escala individual, a negação carregada por uma, duas ou três gerações a respeito de uma cultura gera em seus descendentes um sentimento de deslumbramento ignorante pelos emblemas descontextualizados de sua existência, a ponto de negar a evolução que essa cultura pode ter conhecido. Seria esse o caso do muçulmano que, ignorando o movimento da Nahda (Renascimento), suscitado no final do século XIX pelos xeiques Abdou e El-Afghani, ignorando inclusive as formas mais civilizadas da *charia* (o direito islâmico), tentasse voltar ao ultrapassado século VII, mesmo que isso significasse impô-lo... pela força de armas sofisticadas em cuja concepção a "hipótese divina" não interveio...

Seria o caso do judeu que chega ao ridículo de se vestir como os judeus poloneses do século XVIII, ignorando por outra parte que essa vestimenta, que ele imagina ser uma forma extrema de fidelidade à fé judaica, já era um modo de adaptação à vestimenta usada, à época, no ambiente cristão dessa região.

Seria o caso do católico que buscaria o retorno à Contrarreforma, esquecendo-se das necessidades históricas que impuseram a *aggiornamento* e o Vaticano II. Seria o protestante fundamentalista que se identifica com um povo bíblico que já havia deixado de existir no momento da escritura da Bíblia; seria o francês celta ou então o alemão que dá consistência à fábula de um povo indo-europeu. Seria, enfim, sob um modo um pouco mais amável, a sorte desses marginais muitas vezes urbanizados rápido demais, mal integrados a uma civilização tecnológica que os ultrapassa, os *excede*, e que, no início dos anos de 1970, se tornaram tecelões ou vendedores de queijo de cabra para terminar como bandidos de beira de estrada[8] ou, às vezes, numa visão quase fascista da ecologia.

Tais seriam sumariamente os efeitos de uma negação da memória, quer regida por um mandamento estatal, quer obedeça a uma tentativa subjetiva de romper as amarras com o que as precede.

---

8 Cf. a epopeia sangrenta (e sob todos os pontos de vistas excepcional) dos "bandidos de Ardèche" (região da França) que passaram do "retorno à terra natal" à "recuperação individual" e depois ao crime. [N.A.]
Em complemento, sugerimos o livro: Peyrard, J. (1981). *Avec les brigands et bandits de grand chemin: en Loire, Haute-Loire, Ardèche*. Le Hénaff. https://excerpts.numilog.com/books/9782865020218.pdf. [N.R.T.]

Privar a descendência de uma narrativa e de suas peregrinações, não é uma forma– na maioria das vezes irrisória e miserável ao mesmo tempo – de apresentar-se como um ancestral que apaga o saber recebido para oferecer-se como um modelo de vacuidade?

Mais ainda, transmitir a vacuidade e a negação, não é abrir a via do delírio e da perversão dos sentidos?

Não estamos longe de acreditar nisso.

Assim concebido, temos de imaginar que esse ato de passagem que representa a transmissão diz respeito a três gerações, cada uma das quais situada sob uma crista,[9] sobre uma zona de divisor de águas. Na saída dessa passagem que representa a transmissão, alguns se esforçarão por reproduzir inescrupulosamente os gestos da geração precedente, congelando o tempo e o espaço, instalando-se na tensão de imitar os ancestrais, quaisquer que sejam as circunstâncias exteriores.

Outros se enfurnam em alguma falha temporal, ausentando-se de si mesmos e se esforçando para negar o próprio percurso.

Alguns, enfim, se deixam trabalhar por essa herança qualquer que seja a profundidade do fosso que os separa de seus ascendentes. Algumas figuras exemplificadoras nos permitirão precisar o que entendemos por uma passagem exitosa, pessoas que considero como *contrabandistas da memória.*

* * *

Este é o caso de Sigmund Freud, nascido em Freiberg (Przybor) de um pai hebraizante, que rompeu com as crenças familiares, a

9 No original, "*sur une ligne de crête*". O dicionário da Wikipedia, o Wiktionary, apresenta duas acepções: 1. (Geografia) Linha formada pelos cumes de montanhas ou pelas colinas de uma região; 2. (Sentido figurado) Fronteira entre dois estados sobre a qual é difícil permanecer sem tombar para um dos lados. https://fr.wiktionary.org/wiki/ligne_de_cr%C3%AAte. [N.R.T.]

ponto de, segundo dizem, proibir a esposa, Martha Bernays, nascida em uma família de prestigiosos rabinos, de acender o pequeno candelabro que marca a passagem da sexta para o sábado na entrada do dia do Descanso santificado, o Shabat. Foi Freud[10] quem, ao mesmo tempo, "privou um povo do homem celebrado como o maior dos seus filhos..." (Moisés), mas foi também quem, ao mesmo tempo, expôs dois textos fundamentais aos seus "irmãos" da loja B'nai B'rith de Viena[11] ("Nós judeus e a morte", conferência que se situa no ponto de partida do escrito fundamental da teoria freudiana, "Além do princípio do prazer",[12] assim como a primeira versão do seu Moisés)... Foi Freud quem publicou, vimos no início, "Resistências à psicanálise" na *La Revue juive*,[13] editada em Genebra sob a direção do escritor Albert Cohen.

---

10 Freud, S. (1939 [1934-1938]/2018). Moisés e o monoteísmo: três ensaios. In S. Freud, *Obras completas* (Vol. 17; pp. 13-188; P. C. de Souza, Trad.). Companhia das Letras. p. 14.

11 Segundo nota do editor da versão da Imago, lemos: "Os B'nai B'rith (Filhos da Aliança) são uma ordem que representa os interesses judeus – culturais, intelectuais e caritativos. Originalmente fundada nos Estados Unidos em meados do século XIX, tem lojas filiadas em muitas partes do mundo. Como se verá adiante, Freud filiou-se ao grupo de Viena em 1895 e durante muitos anos foi frequentador assíduo de suas reuniões, realizadas em terças-feiras alternadas. De tempos a tempos ele próprio pronunciou conferências ali, havendo os temas de algumas delas sido registrados: duas conferências sobre sonhos em dezembro de 1897 (Freud, 1950a, Carta 78); outra, não especificada, em março de 1900 (Carta 130); sobre *La fécondité*, de Zola, em 27 de abril de 1900 (Jones, 1953, 363); sobre *La révolte des anges*, de Anatole France (Sachs, 1945, 103); e a segunda parte de suas 'Reflexões para os Tempos de Guerra e Morte', em 1915 (Jones, 1955, 415)". [Freud, S. (1996). Discurso perante a sociedade dos B'nai B'rith In *Edição standard brasileira das obras psicológicas completas de Sigmund Freud* (Vol. XX; p. 173; J. Salomão, Trad.). Imago. (Publicado originalmente em [1926]1941)]. [N.R.T.]

12 Freud, S. (1920/2010). Além do princípio do prazer. In S. Freud, *Obras completas* (Vol. 14; pp. 161-239; P. C. de Souza, Trad.). Companhia das Letras.

13 *La Revue juive* foi um periódico literário bimestral, publicado em 1925 pela *Nouvelle Revue Française* no seio das Edições Gallimard, que tinha o mérito

Também é o caso de Isaac Deutscher, nascido na Polônia em uma família de judeus praticantes e letrados. Aos 14 anos, o jovem Deutscher já era um erudito, e suas pregações eram seguidas por uma multidão de fiéis. Logo, como muitos jovens de sua geração e de sua condição, encontrou-se projetado na modernidade, a mesma que no contexto histórico da época o levaria a desertar paulatinamente dos quatro pilares da academia talmúdica em proveito das organizações operárias. Imaginemo-lo vestido com um caftan, seguindo com atenção os ensinamentos de sábios rabinos, enquanto esconde no interior do seu Talmud alguma obra de Marx ou Plekhanov, algum tratado de economia política ou de história. Mais tarde, tendo se tornado secretário de Trótski, ele soube combinar sua inteligência moldada e enriquecida pelo ensino tradicional com um saber profano, sua antiga crença em um Messias vindouro com a esperança de uma revolução mundial que libertaria *a humanidade sofredora*.

A esse propósito, é importante considerar o quanto a adesão ao movimento operário e às teses marxistas pôde servir de mediadora na transmissão, tornada impossível, de valores culturais petrificados e obsoletos.

Para as gerações de jovens judeus da *Mitteleuropa*,[14] da Europa Oriental, dos Balcãs e do Oriente Próximo,[15] o marxismo (o bundismo,[16] o comunismo) daria as chaves para entender a alienação religiosa parental. A passagem à modernidade pela via do

---

de ter no seu comitê de redação, entre outros, Freud, Einstein e Albert Cohen. [N.T.]

14 Termo alemão que se refere à Europa Central. [N.T.]

15 No original, "*Proche Orient*". O Oriente Próximo, ou Próximo Oriente, é um termo originalmente aplicado para os Estados dos Balcãs no Leste Europeu, mas, hoje em dia, costuma descrever os países do Sudoeste Asiático. [N.T.]

16 O termo faz referência à União Geral dos Judeus Trabalhadores da Lituânia, Polônia e Rússia, mais conhecido como Bund. Criado em 1897, foi o primeiro

marxismo permitirá a eles não se sentir invadidos pelo sentimento de traição ou de desprezo. Daí em diante, o marxismo, mesmo em sua forma mais vulgar, forneceu as explicações racionais – quando não racionalizantes – para a alienação religiosa parental e para as ultrapassagens efetuadas pelas gerações seguintes.

Por fim, o marxismo se revelava suscetível de dar conta da necessidade *política* de superar, de virar a página de um livro considerado definitivamente como obsoleto.

Quantos jovens muçulmanos, iraquianos ou egípcios, jovens turcos kemalistas, jovens judeus, se sentiram autorizados a sustentar outros valores diferentes daqueles de seus pais em nome desta dupla proposição de Karl Marx: "O capitalismo submergiu nas águas glaciais do cálculo egoísta..."[17] e "a religião é o suspiro da criatura oprimida, âmago de um mundo sem coração...".[18]

Não encontraram eles no próprio âmago do texto de Marx e até no extremo da ruptura representada pela passagem ao ateísmo marxista, elementos de uma transmissão que levava em consideração a reverência?

* * *

Taha Hussein, nascido em uma família de camponeses do Nilo, ainda criança, foi infectado pelo tracoma e ficou cego. Como muitos jovens cegos, ele se consagrou à teologia. Notável por sua inteligência e memória prodigiosa, conheceu, enquanto estudava na universidade de El Azhar, aqueles que apostaram na sua capacidade

---

partido político judaico socialista e secular a representar a minoria judaica no Império Russo. [N.T.]

17 Marx, K., & Engels, F. (1848/2001). *Manifesto do partido comunista* (p. 27) (S. T. B. Cassal, Trad.). L&PM.

18 Marx, K. (1844/2008). *Para a crítica da filosofia do direito de Hegel* (p. 6) (A. Morão, Trad.). Universidade da Beira Interior.

de *transferir* esse saber tradicional para outro espaço. Ele será o primeiro escritor traduzido do árabe e publicado pela Editora Gallimard (França) antes de 1939. Será o último ministro da Educação do governo dirigido pelo partido radical Wafd, antes que o golpe militar que levou Nasser ao poder cerceasse todo pensamento verdadeiramente cosmopolita. Algumas décadas mais tarde, seu filho, completamente bilíngue, nascido de sua união com uma francesa, exercerá um papel cultural crucial em um Egito preservado da peste fundamentalista.

* * *

E, por fim, Anna Seghers, pseudônimo literário de Netty Reiling, nascida em 1900 em uma família da burguesia judia de Mogúncia. É importante ressaltar que seu pai – um antiquário – foi um funcionário responsável por conservar o tesouro da catedral da cidade. Logo, o destino de Anna Seghers se situa nos antípodas do de Charlotte Salomon, quase duas décadas mais nova que Seghers. Autora de uma tese de história da arte sobre os judeus e o judaísmo na obra de Rembrandt, realizada em 1924, aderiu ao Partido Comunista Alemão e à Liga dos Escritores Revolucionários-Proletários. Dotada de uma notável lucidez sobre a fascinação que a guerra exerce sobre os jovens, luta contra um pacifismo lastimoso que mais tarde dará provas de sua ineficácia.

Graças à nacionalidade húngara de seu marido, o economista László Radványi, salvou-se das garras da Gestapo que a havia prendido após o incêndio do Reichstag, foi para a França (via Suíça), onde fundou a Associação dos Escritores Alemães (Schutzverband der Deutschen Schriftsteller).

Durante sua estadia na França, ela publicará dois romances notáveis, *A sétima cruz*,[19] que descreve o mundo concentracionário,

---

19 Seghers, A. (1983). *A sétima cruz* (M. Vasques, Trad.). O Oiro do Dia.

e *Em trânsito*,[20] um livro espantoso sobre o destino dos exilados antifascistas da França que, apanhados em uma armadilha, tentam desesperadamente escapar de uma Europa em guerra.

Porém, o que nos leva a evocar nestas páginas a personagem de Anna Seghers é particularmente o fato de que ela nos deu a melhor definição possível da transmissão e de seus operadores:

> *Cada povo, cada indivíduo que a ele pertence, reage impiedosamente a qualquer apreciação errônea do sentimento nacional. Se ignorarmos esse fato, o inimigo, o fascismo, aparecerá para ocupar esse vazio e explorar à sua maneira esse sentimento. O fato de esse sentimento enganar, abusar, não impede que seja profundamente autêntico.*[21]

Palavras terríveis que lhe permitirão responder à questão: "O que é a Alemanha?" (ou melhor, a "Alemanha de quem?"), afirmando (como o poeta Celan):

> *A Alemanha é a língua que para nós hoje tem sido a mais densa realidade alemã. A Alemanha é a música alemã, a paisagem alemã, critério inconsciente e arbitrário de todas as passagens que devemos atravessar nesta vida. Tudo isso junto constitui a Alemanha, uma outra unidade do povo e do solo... e da História, diferente daquela apresentada pelo fascismo, e, no entanto, uma unidade indivisível...*[22]

---

20 Seghers, A. (1987). *Em trânsito* (M. Lisboa, Trad.). Paz e Terra.

21 Seghers, A. (1993). *L'excursion des jeunes filles qui ne le sont plus*. Éditions Ombres.

22 Tailleur, J. (1993). Posface. In A. Seghers, *L'excursion des jeunes filles qui ne sont plus*. Ombres.

Existe uma definição mais atual que permita articular os processos de identificação com a transmissão? Nos parece pouco provável.[23]

* * *

Totalmente outro foi o destino de Stefan Zweig que foi um dos poucos intelectuais austríacos a se manter fiel às suas convicções pacifistas durante a Primeira Guerra Mundial, mas que, no entanto, se suicidou em Petrópolis, onde estava a salvo, longe de uma Europa devastada pelo fogo e pelo sangue do nazismo, logo após assistir ao naufrágio de sua *Mitteleuropa.*

Essa escolha terrível advém de um pessimismo absoluto, do pavor de que nada mais reste daquela Europa que ele tanto havia amado, e que havia visto se decompor diante de seus olhos, virando as costas para seus filhos mais prestigiosos (Freud, Kurt Tucholsky, Roth, Toller, Walter Benjamin e muitos outros).

Para além de Stefan Zweig e de seu drama, os suicídios dos nossos contemporâneos, desesperados pelo colapso das ideologias, ou – como para muitos intelectuais magrebinos que vivem na Europa – pela impossibilidade de se inserirem *com* sua história, seu passado, no país de adoção, não seriam eles uma *prova* da terrível captura de nossa subjetividade e de nosso ser pela cultura?

E os intelectuais que, após terem lutado para que seus países passassem à modernidade, e que desesperados se entregaram à

---

23 Anna Seghers abandonou *in extremis* a França pelos Estados Unidos da América e depois partiu para o México. Retornando a Berlim em 1947, ela se tornará presidente da União dos Escritores da RDA. Sei por meio de um de seus próximos que, alguns anos antes de sua morte, sem haver cedido em seu engajamento político e em sua laicidade, solicitou a um dos membros de sua família um candelabro judeu tradicional que ela colocou em sua sala como representante de um dos componentes da sua história. Faleceu em 1 de junho de 1983 em Berlim. [N.A.]

morte, não estariam eles confrontados, nesses tempos glaciais de retorno do integrismo e do fundamentalismo, com a impossibilidade de transmitir o que havia sido sua razão de viver, face a uma ressurgência de ilusões revestidas com adereços de uma transmissão alienada?

Essas mortes autoinfligidas nos levam a uma série de questões.

O que seria essa determinação desesperada de transmitir não o mesmo, mas o diferente?

Uma destruição, por mais massiva que seja, impede-nos de refletir sobre as mudanças e convulsões que devem ocorrer no âmago de uma cultura para salvar os poucos elementos suscetíveis de serem transmitidos?

Não é nosso dever refletir sobre essas crises e rupturas que atravessam nossas sociedades, a fim de permitir que um *a seguir* se torne possível?

Isso não faz parte de uma ética da transmissão?

9. Uma ética da transmissão

Essa ética se inscreve no mais profundo de nosso ser e de nossa subjetividade. Requer de cada um oferecer às gerações seguintes não apenas uma pedagogia, não somente ensinamento, mas aquilo que lhes permitirá um engajamento com sua história, ou seja, com sua maneira de conceber sua própria vida, sua própria morte.

Pois, é preciso lembrar, transmitir a vida não se reduz a uma simples manipulação biológica, mas a um conjunto de operações que coloca em jogo, antes de mais nada, os fatos de cultura: é, por exemplo, oferecer a uma criança a possibilidade de "fazer seus passos nos passos do pai",[1] de fazer seus passos seguindo os rastros que foram esboçados e que o tempo apaga.

A ética de uma posição como essa pressupõe que o responsável pela transmissão possa assumir a herança daquele que o precedeu,

1 Segundo a palavra de Jean Clavreul, "Pai" aqui é considerado como função simbólica não redutível à função de genitor. Evidentemente, nesta perspectiva (segundo Jacques Lacan e Maud Mannoni), é por meio do discurso da mãe que a função simbólica é introduzida. [N.A.]

ao mesmo tempo que se proíbe de instalar-se em uma posição semelhante à de um pai feroz e onipotente que designa imperiosamente os rastros por ele deixados, gravados no basalto de seu desejo e de seu poder de dinossauro moribundo, por medo de que seus herdeiros se desviem dos caminhos instituídos.

Da mesma forma que "todo pensamento é repensamento: ele pensa em seguida da coisa",[2] podemos igualmente afirmar que toda transmissão é re-transmissão, isto é, já se encontra submetida às modificações inerentes a toda recomposição do pensamento que se efetua na passagem de uma a outra.

Da mesma maneira que uma língua é condenada a *dialetizar-se*, a se enriquecer de elementos heterogêneos em certos aspectos, a se empobrecer em outros, a transmissão supõe que ela se apresente de início como já repensada.

Eu jamais poderia viver o que meus ancestrais conheceram, eu jamais poderia reproduzir exatamente o "mundo de antes". Este só poderá ser descrito, dito, ou seja, do mesmo jeito que uma tradução, um pouco traído, quer dizer, interpretado. E confrontado com outras culturas que estão em curso no contexto cultural/geográfico que atualmente é o meu, por mais estrangeiras que possam parecer à cultura dos meus ancestrais, serei sempre surpreendido ao escutar como certos elementos da minha incomparável cultura se enlaçam à cultura dos outros até o ponto de criar a banalidade... ou a universalidade.

Portanto, a transmissão, sempre manca, escapando à ilusão de ser incomparável, seria como a imagem da língua materna, que cada um de nós herda, única e, por sua vez, similar a qualquer outra.

---

2 Arendt, H. (1987). *La tradition cachée*. Christian Bourgois Éditeur.

Nesse sentido, não existe uma transmissão de cultura que não se inscreva na universalidade das civilizações.

* * *

Transmitir supõe também que o pai ceda sobre seu gozo, que ele aceite transferir uma parte desse gozo para a conta do filho, isto é, que também aceite abrir mão de uma parte do que pode significar para ele a onipotência.

É precisamente essa parte cedida, podemos dizer sacrificada, que permitirá ao filho constituir um espaço de acolhimento à transmissão.

Vamos desenvolver essa proposição: Freud, em um texto dedicado a Romain Rolland (intitulado "Um distúrbio de memória na Acrópole"), chega a esta notável hipótese: "Tudo se passa como se o importante fosse ir além do pai e, ao mesmo tempo, não poder ultrapassá-lo".[3] Essas duas forças antagônicas estão constantemente trabalhando no sujeito. Ora, o pai é requisitado, subjetivamente solicitado, a permitir este *mais-além*, mesmo correndo o risco de perder o que lhe é mais precioso. É o sapateiro armênio, o vendedor ambulante judeu, o camponês francês, o mineiro gaulês que *deseja* apaixonadamente que seu filho se torne médico, professor, advogado, universitário, ainda que não ignore que nessa operação seus próprios emblemas ficarão comprometidos, que nessa aventura suas crenças e convicções mais caras sofrerão modificações

---

3 No original em francês citado pelo autor: "*Tout se passe comme si l'important était d'aller au-delà du père et dans le même temps de ne pas pouvoir le dépasser*". Na versão consultada da Companhia das Letras, este trecho (traduzido diretamente do alemão) aparece ligeiramente diferente: "É como se o essencial no êxito fosse chegar mais longe que o pai, e querer superá-lo ainda fosse interditado" [Freud, S. (1937/2010). Um distúrbio de memória na Acrópole [carta a Romain Rolland, 1936]. In *Obras completas* (Vol. 18; pp. 436-449; p. 448; P. C. de Souza, Trad.). Companhia das Letras]. [N.R.T.]

capazes de afastar seu filho do conjunto étnico-social que era aquele de seus ancestrais. Este "pai" que introduz a descontinuidade será o mesmo que permitirá que as separações não se transformem em dilacerações. Será portanto ele que, para transmitir, separar-se-á de seu filho, criando esta *boa distância* que não exclui os conflitos nem os sofrimentos, mas que permite que a transmissão se efetue.

Será também esta mãe cujo filho não será inteiramente objeto de seu desejo e que não atribui ao homem que ela designa como pai de seus filhos um lugar de onipotência/impotência. É a mãe que suporta a angústia dos filhos em relação a ela, permitindo-lhes separarem-se dela, que pode vê-los partir para o exílio e se tornarem estrangeiros, apenas o suficiente para que o pai não receie ser prejudicado por este afastamento. Essa perda inerente a qualquer transmissão não pode, portanto, ser para o pai equivalente a uma demissão ou a um fracasso: ela o constitui como pai-transmissor que poderá oferecer ao filho as possibilidades internas de enfrentamento de conflitos e que, ao mesmo tempo, lhe permitirá mais tarde construir uma ponte que o conectará com o território deixado para trás.

Topograficamente, essa operação poderia ser representada pela constituição de uma linha de fratura telúrica. E ninguém sabe em que ponto da fratura uma obra de arte, uma obra qualquer, poderá vir para religar as duas bordas dessa falha. Além do mais, não está excluído que esta continuidade reconstituída possa, como um fio de teia de aranha, do qual teria a leveza, ser visível apenas para um dos protagonistas desse drama. Também pode, qual os rios do sudoeste da França, fluir subterraneamente e ressurgir a dezenas de quilômetros do local onde aparentemente se havia enterrado para desaparecer.

É reconhecer que sempre há transmissão, ainda que de modo paradoxal – proposição que está longe de ser tolamente otimista –, é o que torna possível o conjunto dessas operações. É neste sentido que podemos afirmar que a transmissão se aproxima da criação de uma obra de arte que comportaria pequenas imperfeições, essas derrapagens ligeiras que permitiriam a cada um reconhecer nesse tesouro a marca do que havia sido repensado a cada geração.

* * *

Desse modo, a transmissão seria uma página de escritura, uma narrativa que conta o gesto dos ancestrais e que cada um poderá ler, re-escrever, à sua maneira.

A transmissão faz uso da tradição como um suporte, uma peça essencial e supérflua ao mesmo tempo. Como os andaimes utilizados pelos camponeses do vale do Nilo para levantarem as suas casas – modo tradicional de construção ainda em uso hoje em dia e do qual encontramos vestígios nos afrescos faraônicos – e que permitiam aos artesãos erguerem, andar por andar, a construção. Feito isso, esse conjunto de planos inclinados e de escadas desaparece. Fica guardado em algum celeiro até que outro morador da aldeia tenha necessidade de utilizá-lo.

Resta a morada que testemunha o conjunto dessa operação.

Querer prescindir desse sistema é como construir sobre a areia.

Conservar o conjunto casa-andaime é inconcebível.

Continuar, sob o pretexto de sabe-se lá qual piedade filial, a construir nossas habitações dessa forma tradicional representaria *uma resistência ao novo* que em longo prazo só poderia ser debilitante dada a fixidez e imobilidade que promove.

O conformismo extremo é aquele que exclui o outro, o estrangeiro, o diferente. Advém do tribal, do pensamento de gueto e ilustra até o absurdo a raiz etimológica comum que liga a traição com a tradição.[4]

Não existem transmissões inteiramente baseadas na tradição que se portam como apelo à traição da verdade do sujeito? Por acaso este último não se trai ao tentar reproduzir o mesmo após ter recebido o que é necessariamente, estruturalmente, diferente?

Não será em nome de uma *geografia patética*, que Vladimir Jankélévitch (1974) chamava de *nostalgia*, que esse apelo ao mais antigo que nunca aconteceu, que esse apelo ao mesmo é modulado por todos os tons de um sofrimento extremo?

Como uma criança com fome e que jamais está satisfeita, o apelo à tradição suscita *mártires* que só sonham com provocar *o incêndio universal.*

Tal tentativa de confundir tradição e transmissão não é também uma maneira de negar essa parte que o pai teve de sacrificar ao transmitir um saber recebido?

Essa confusão entre transmissão e tradição teria por efeito desarticular a transmissão da universalidade. Ela anuncia a morte da criação, a morte da narrativa e o assujeitamento do sujeito a valores destinados à petrificação.

* * *

Ao final deste percurso durante o qual tencionamos, passo a passo, de forma parcial e fragmentária, colocar em evidência que, se a transmissão é um ato fundador do sujeito, se é realmente o ato

4 A traição *tradere* está na origem dos dois termos: a *traditio*, que se refere à iniciação, e o *traditor*, o renegado, aquele que passa ao grupo adversário, aquele que se deporta para outro lugar. Mas *tradere* se refere aos termos "entregar, remeter, transmitir", que se associam a "se entregar, se oferecer..." a um outro. [N.A.]

por excelência que nos situa no movimento de continuidade e de descontinuidade que funda a genealogia, então podemos afirmar que o que se transmite se constitui em criação, assim como seria a escritura de uma história para aquele que se torna o seu depositário.

Pois se a transmissão inerte, a repetição, na maioria das vezes resulta de uma *narração sem ficção,* a transmissão reintroduz a ficção e permite a cada um, em cada geração, a partir do texto inaugural, se autorizar a introduzir todas as variações que lhe permitirão reconhecer no que recebeu como herança não um depósito sagrado e inalienável, mas uma melodia que lhe é própria. Apropriar-se de uma narração para dela fazer um relato próprio talvez seja o percurso que todos somos chamados a efetuar.

As palavras podem ser sempre as mesmas, mas há um estilo que será específico a esse grupo, a essa família, a esta ou àquela, e que permitirá a cada um assumir para si a proposta goetheana: "Aquilo que herdaste dos teus ancestrais, conquista-o, para que o possuas".[5]

...Na expectativa de enunciar no instante preciso da morte o que está no princípio mesmo da transmissão e que a significa:

Mehr Licht![6]

---

5 Goethe (em Fausto, parte I, cena I) citado por Freud em Freud, S. ([1938] 1940/2018, p. 273). Compêndio de psicanálise. In S. Freud, *Obras completas* (Vol. 19; pp. 189-273; P. C. de Souza, Trad.). Companhia das Letras.

6 "Mais luz!", últimas palavras atribuídas a Goethe no momento de sua morte. [N.A.]

Agradecimentos

Agradeço a Esther Rudy-Hoffenberg e Nathalie Hazan-Brunet que me deram a conhecer o destino trágico de Charlotte Salomon; e quisera, em um breve posfácio, evocar aqueles que acompanharam a escritura deste ensaio.

Concebido e iniciado em Paris, sua redação e sua formatação foram realizadas em uma viagem que me levou de Istambul a Rodes, e depois de Esmirna a Quios. Aparentemente estrangeiro a essa região do mundo que insisto em considerar, para além das tensões fronteiriças, como que fazendo parte de um mesmo conjunto, pude encontrar por meio de personagens como Habid Gérez, Corrine Soriano, David Palombo, Lucie Sulam, Irina Valla, o *hakham-bachi*[1] David Asseo, as velhas senhoras sentadas ao pé das portas de suas casas na ilha de Quios e a velha guardiã da sinagoga de Balat… personagens desconhecidas, mas que estavam como que presentes na minha infância… e na sinagoga de Ahrida, a Mesquita Azul, o Grande Bazar, a sinagoga de Rodes ou aquela

1 *Hakham-bachi* é o nome turco do rabino chefe da comunidade judaica. [N.T.]

de Senyora em Esmirna, o bairro caraíta de Hasköy, a praça Despoti de Pirgos e a mesquita abandonada de Quios... lugares estranhamente familiares.

Em Esmirna, a sinagoga Bikour Holim parecia a reconstituição exata desta maravilha atualmente destruída, a mais antiga sinagoga do bairro judaico do Cairo, chamada Kenisseth El-Masryin, que eu só conhecia por fotografias antigas: ela estava lá, para além... intacta... deserta.

E a missa ortodoxa de 23 de agosto em Pirgos despertou em mim todas as melodias de minha infância.

E foi assim que essas imagens, estranhas à minha história, se constituíram pouco a pouco em lembranças tangenciais a esta parte exilada de minha biografia.

E, enquanto escrevo estas linhas, um detalhe completamente esquecido se impõe, de repente, à minha lembrança. Meu avô materno (Jacques Nada) foi o único laico de meus ancestrais, notável por sua irreligião fundamental. Membro do movimento Jovens Turcos, foi um fervoroso militante da unidade do Mediterrâneo Oriental sob o domínio de um Império Otomano democratizado. Essas imagens e pensamentos obsoletos, não teriam eles acompanhado, sem que me desse conta, a escritura destas linhas? Não estou longe de acreditar nisso.

Referências

Arendt, H. (1987). *La tradition cachée*. Christian Bourgois Éditeur.

Barou, J., Citron, S., Costa-Lascour, J., Jodelet, D., Ferro, M., Stora, B. et al. (1993). *Mémoire et intégration*. Actes de la rencontre, Secrétariat d'État à l'intégration, Paris, 3 février 1993. Syros Éditeur.

Bonneff, L., & Bonneff, M. (1990). *La vie tragique des travailleurs: enquêtes sur la condition économique et morale des ouvriers et ouvrières d'industrie*. Editions De L'atelier.

Cahiers du Centre Galilée. (1993). *Religion, laicité, intégration.* Actes du colloque organizé par le Centre Gallilé et le Centre Pompidou, 25 mai 1991.

Freud, S. (1996). Discurso perante a sociedade dos B'nai B'rith In S. Freud, *Edição standard brasileira das obras psicológicas completas de Sigmund Freud* (Vol. XX; pp. 173-174; J. Salomão, Trad.). Imago. (Publicado originalmente em 1941 [1926])

Freud, S. (2010). Além do princípio do prazer. In S. Freud, *Obras completas* (Vol. 14; pp. 161-239; P. C. de Souza, Trad.). Companhia das Letras. (Publicado originalmente em 1920)

Freud, S. (2010). Um distúrbio de memória na Acrópole [carta a Romain Rolland, 1936]. In *Obras completas* (Vol. 18; pp. 436-449; P. C. de Souza, Trad.). Companhia das Letras. (Publicado originalmente em 1937)

Freud, S. (2011). As resistências à psicanálise. In S. Freud, *Obras completas* (Vol. 16; pp. 252-266; P. C. de Souza, Trad.). Companhia das Letras. (Publicado originalmente em 1925)

Freud, S. (2018). Compêndio de psicanálise. In S. Freud, *Obras completas* (Vol. 19; pp. 189-273; P. C. de Souza, Trad.). Companhia das Letras. (Publicado originalmente em [1938]1940)

Freud, S. (2018). Moisés e o monoteísmo: três ensaios. In S. Freud, *Obras completas* (Vol. 17; pp. 13-188; P. C. de Souza, Trad.). Companhia das Letras. (Publicado originalmente em 1939 [1934-1938])

Golding, W. (2021). *Senhor das moscas*. Alfaguara.

Hassoun, J. (1993). *L'exil de la langue*. Point Hors-Ligne.

Hassoun, J., & Wàjsbrot, C. (1991). *L'histoire à la lettre*. Mentha.

Jankélévitch, V. (1974). *L'irréversible et la nostalgie*. Flammarion.

Joffo, J. (1973). *Un sac de billes*. Jean-Claude Lattès. [Edição brasileira: Joffo, J. (2017). *Os meninos que enganavam nazistas*. Vestígio]

Lacan, J. (1998). Função e campo da fala e da linguagem. In J. Lacan, *Escritos* (pp. 238-324; V. Ribeiro, Trad.). Jorge Zahar. (Publicado originalmente em 1966)

Lacan, J. (2008). *O seminário, livro 11: os quatro conceitos fundamentais da psicanálise* (M. D. Magno, Trad.). Jorge Zahar. (Publicado originalmente em 1964)

Marx, K. (2008). *Para a crítica da filosofia do direito de Hegel* (A. Morão, Trad.). Universidade da Beira Interior. (Publicado originalmente em 1844)

Marx, K., & Engels, F. (2001). *Manifesto do partido comunista* (S. T. B. Cassal, Trad.). L&PM. (Publicado originalmente em 1848)

Salomon, C., Tillich, P., & Straus, E. (1963). *Charlotte, a diary in pictures by Charlotte Salomon*. Harford, Brace & World.

Seghers, A. (1983). *A sétima cruz* (M. Vasques, Trad.). O Oiro do Dia.

Seghers, A. (1987). *Em trânsito* (M. Lisboa, Trad.). Paz e Terra.

Seghers, A. (1993). *L'excursion des jeunes filles qui ne le sont plus*. Éditions Ombres.

Sholem, G. (1980). *From Berlin to Jerusalem*. Shocken Books.

Stora, B. (1993). La mémoire de la guerre d'Algérie chez les jeunes issus de l'imigration. In J. Barou, *Memóire et intégration*. Syros.

Tailleur, J. (1993). Posface. In A. Seghers, *L'excursion des jeunes filles qui ne sont plus*. Ombres.

Todorov, T. (1993, jul.). La mémoire et ses abus. *Esprit*, (7). (*Le poids de la mémoire*)

Tugendhat, E. (1993). *Être juif en Allemagne*. Le Cerf.

Vidal-Naquet, L. (1993, maio-jun.). Journal, 15 septembre 1942-29 février 1944, *Annales*, *48*(3).

Wolfson, L. (1970). *Le schizo et les langues*. Gallimard.

Wolfson, L. (1984). *Ma mère, musicienne, est morte de maladie maligne mardi à minuit au milieu du mois de mai mille neuf cent soixante-dix-sept au mouroir Memorial de Manhattan*. Éditions Navarin.

Zweig, S. (1986). Journaux 1912-1940 (J. Legrand, Trad.). Belfond.

Série Dor e Existência

Os contrabandistas da memória, de Jacques Hassoun

De um trauma ao Outro, de Colette Soler

Luto à flor da pele: as tatuagens in memoriam *em leitura psicanalítica*, de Miriam Ximenes Pinho-Fuse

A sobrevivência do desejo nos sonhos de Auschwitz, de Samantha Abuleac

Impressão e Acabamento
Bartiragráfica
(011) 4393-2911